AURA-SOMA

A cura pelas cores

Título do original em inglês:
THE MIRACLE OF COLOUR HEALING
ISBN 0-85030-895-X

Originalmente publicado por:
The Aquarian Press 1990
A Division of Harpers Collins Puplishers Ltd.

Edição Brasileira ampliada

Rua da Câmara, 3
Tiradentes, MG
Tel.: (0xx32) 3355-1140 Fax (0xx32) 3355-1139
E-mail: aura@aura.com.br
Internet: www.aura.com.br

Tradução de:
ANA BUSTAMANTE

Revisão:
SOLANGE D'ALMEIDA TELLES

Produção Gráfica:
ROBERTO MORENO

Fotocomposição:
ART LINE

Ilustrações de Capa:
AEONA, Alemanha
PHYLLIS MAHON, Inglaterra

ISBN 85-85876-03-4

Impresso no Brasil 2001

Vicky Wall

AURA-SOMA

A cura pelas cores

EDITORA MARGARITA SCHACK

Prefácio

Todos os seres humanos desejam experimentar, de maneiras perceptíveis, fenômenos espirituais. As leis dos mundos invisíveis nos remetem a uma memória que, embora nos seja familiar, está esquecida dentro de nós todos. Essa memória deseja ser despertada e busca seu lugar em nosso mundo. Em algum lugar nas profundezas de nosso interior nos esforçamos para recordar nossa própria origem e entrar em contato com sua essência de um modo que nos conforte diante de nossos medos da vida e da morte.

Embora a linguagem do cosmos não se preste à limitação da mente linear, ela de fato tem uma poderosa forma de comunicação conosco — por meio da luz. A ciência descobriu que a própria estrutura de nossos corpos é baseada na luz. Enquanto o DNA* transmite o código genético para reproduzir uma célula numa réplica perfeita de si mesma, a luz ultravioleta traz esse modelo à existência. Assim, a própria essência de nossa existência se realiza por meio da luz, e nossa compreensão disso é intrínseca a nossa verdadeira natureza.

A luz de nossa essência irradia de nós através do mecanismo de nossos centros energéticos, ou chakras, em direção ao campo eletromagnético do corpo astral conhecido como campo áurico. Testemunhar a beleza do campo áurico é um grande dom, um presente que é dado a todos os seres humanos ao nascer, embora poucos o tenham trazido intacto de sua infância. A maioria dos bebês e crian-

* N. da Ed.: DNA – Símb.: ADN e (ingl.) DNA – Acido desoxirribonucléico Genética: molécula que contém a informação genética, formada por duas cadeias polinucleotídicas constituídas por um açúcar (adesoxirribose), um grupo fosfato e uma base nitrogenada (timina, ademina, citosina ou guanina).

ças pequenas vêem as "luzes" em torno de tudo que vive, mas na ausência de qualquer explicação ou incentivo, logo a excluem dos estímulos relevantes para responder a seu mundo.

Vicky Wall foi uma criança agraciada com o destino de manter sua visão áurica e doá-la como seu presente para o mundo. Escolheu uma alma paterna que também preservara sua visão áurica e que, desse modo, pôde estimular a consciência da filha sobre tal estranha e poderosa verdade. As belas cores da aura iriam guiá-la numa aventura que nos enche de admiração e nos orienta em direção a esse potencial em nosso interior. Vicky deu o mais maravilhoso de todos os presentes, que é ver com nossos olhos as cores vibrantes da vida, o espelho de nossos corpos de luz.

Quando Vicky foi guiada pela inspiração divina para criar seus frascos Aura-Soma, ela abriu uma janela para o verdadeiro funcionamento do universo. A luz é a fonte e o pulsar de tudo o que existe, e quando nos concentramos na luz nos alinhamos com nossas próprias almas.

É fascinante lembrar, por meio da biografia de Vicky, que tudo o que fazemos, pensamos ou sentimos é de alguma maneira parte de nosso destino holográfico. Todos os momentos, as lutas e até os sonhos têm um lugar no plano de nossa evolução. A lei da natureza estabelece que a energia nunca se perde, e por isso devemos empenhar toda a nossa inteligência e paixão em qualquer coisa que estejamos fazendo, para extrair, por meio dessa alquimia cósmica, o ensinamento divino que traz para nossa alma.

Durante o período em que trabalhou numa farmácia de manipulação, Vicky aprendeu os princípios alquímicos para misturar essências que se reestruturam de modo a criar um efeito vivo. Os mistérios das energias das plantas e sua capacidade de influenciar nossos corpos deixaram marcado em sua mente o potencial desses invisíveis aliados dos seres humanos. Quando Vicky combinou seu conhecimento de extração e infusão com seu inato conhecimento da luz, criou para o mundo uma ponte entre os corpos físico e espiritual. Começaram a ocorrer milagres!

É possível que não existam em nossas vidas áreas mais acessíveis para milagres do que as que ocorrem no corpo humano. Para onde quer que nos voltemos sabemos da história de alguém que é curado de uma terrível doença por meio dos misteriosos métodos do milagre. Se ousarmos analisar cuidadosamente a experiência chegaremos sempre à conclusão de que o "desejo" de se render a algum propósito divino está associado com um ponto focal de aplicação física. Da mesma forma que tantos admiráveis praticantes de cura, Vicky descobriu muitos de seus segredos de cura por meio da devastação da doença sobre seu próprio corpo. Quando enfrentou o sofrimento de perder a visão física, por exemplo, ela encontrou força e uma nova percepção em sua clarividente Consciência Superior.

Os pacientes de Vicky Wall foram orientados em direção a um ponto focal de cura por meio da vibrante força vital transmitida pelas maravilhosas essências da Aura-Soma. O simples fato de olhar para elas traz um sopro de reconhecimento da certeza de que algo nos elevará e nos fortalecerá. É como se a concentração de luz extraída de um arco-íris vivo soprasse integridade para dentro do mais profundo de nosso ser!

É fascinante contemplar o significado do fato de que uma pessoa que toca os frascos Aura-Soma provoca mudanças na substância em si, como se houvesse um espelhamento profundo e uma troca de energias não-físicas. De fato, esse é o segredo da cura espiritual. Somos feitos de luz, e a cor é nossa essência mais verdadeira!

No Light Institute de Galisteo, a cor é intrínseca a nosso trabalho de cura. Ensinamos as pessoas a perceber as cores a partir de dentro da mais alta consciência de seus seres interiores. Elas aprendem a sentir o fluxo das cores dentro de si mesmas de tal modo que suas próprias células experimentam as energias dessa poderosa ferramenta energética. Por meio do diálogo com seu próprio corpo e a sabedoria de seu Eu Superior, elas escolhem para si mesmas as cores que irão curá-las.

Vicky Wall também reconheceu a importância de o próprio conhecimento interior de uma pessoa selecionar para o eu as cores que seus corpos buscam. Esse é o sinal de um grande ser, de alguém que ensina outros a confiarem em seus sentimentos intuitivos e a ouvirem seus próprios corpos.

O livro "Aura-Soma. A cura pelas cores", de Vicky Wall, é transbordante de inteligência intuitiva, carinho sincero e consciência espiritual, a tal ponto que sua leitura já é uma experiência que cura!

Great Love,

Chris

Chris Griscom

Este livro é dedicado a meu amado pai, ao lado de quem todas as coisas eram possíveis; a Ann Whithear, escriba e amiga, sem cuja sensibilidade e compreensão este livro não teria sido escrito; a muitas outras pessoas que trabalharam na retaguarda para me permitir tempo livre para escrever; e por último, mas não menos importante, a minha muito querida amiga Laura Fraser, que partilhou meus sonhos e me apoiou nos momentos de dúvida.

Sumário

Introdução

Caminhem com leveza, meus amigos, pois estão caminhando sobre o tecido de minha vida, sua urdidura e sua trama, seu desenho trançado desde o começo dos tempos, o gesto que se repete, o inevitável preestabelecido, o avanço em direção a um objetivo que aguarda o momento de se revelar.

Nasci em Londres, a sétima filha de um sétimo filho. Meu pai e seus pais eram membros da Hassidim, seita religiosa profundamente ligada aos aspectos místicos da Bíblia. Meu pai era um mestre da Cabala e do Zohar e herdara de seus antepassados o conhecimento das propriedades medicinais e terapêuticas das plantas, assim como dos métodos naturais de cura, os quais me ensinou. A felicidade que compartilhei com ele foi, porém, terrivelmente perturbada pela dissimulada crueldade de uma madrasta vingativa, razão pela qual saí de casa aos 16 anos de idade.

Tive repetidas experiências místicas ao longo de minha infância, involuntárias e assustadoras naquele tempo, pois eu não conseguia compreendê-las. Curas espontâneas, a capacidade de ver a aura e a clarividência em vários níveis continuaram se manifestando durante os anos que antecederam a guerra.

A própria guerra, com sua associação a ferimento e morte, revelou claramente seu padrão e me ajudou a aprimorar minha capacidade de ver a aura, pois serviu como uma pesquisa espiritual.

O encontro mais rico em experiências, porém, que acabou por me conduzir a meu caminho predestinado, foi em West Drayton, Middlesex, com Edward Horsley, um velho farmacêutico que ainda praticava a arte do boticário, em que as ervas eram dependuradas para secar e os comprimidos feitos a mão e aviados na própria farmácia.

Nesse lugar, guiada com segurança pelo labirinto da aprendizagem, pude redescobrir e encontrar expressão para as lições que recebera de meu pai. Durante esse período, muitos pequenos milagres da alquimia se manifestaram. Certo dia, a falta de ingredientes e um erro de manipulação levaram, por inspiração, a uma fórmula totalmente nova que veio a se tornar um notável agente de cura.

Após a guerra e a morte do Sr. Horsley, decidi estudar para ser quiropodista e assim poder usar minhas mãos como uma ferramenta terapêutica. Minha primeira chance de praticar foi na farmácia.

Então, um Sinal Divino me conduziu a Great Missenden, em Buckinghamshire. Durante os anos que passei lá tive três experiências de contato com a morte das quais acredito ter me salvado apenas para servir ao próximo.

Outro acontecimento trágico, a perda súbita de minha visão, afastou-me de uma clínica que já se tornara muito próspera e me obrigou a me aposentar. Em meu caminho para Damasco, porém, tive uma brilhante revelação e nasceram os óleos balanceados Aura-Soma, que viriam a curar e mudar a vida de tantas pessoas e que comprovaram ser um verdadeiro espelho da alma.

Assim surgiu e evoluiu uma forma singular de terapia de cores, que envolve muitas energias vivas. Essa terapia traz a cura em todos os níveis – físico, mental e espiritual – e se presta a atuar como complemento de muitas outras formas de terapia.

Hoje percebo que cada vez mais dedico meu tempo a palestras e cursos em outros países. Ficou claro que precisávamos de um centro no qual terapeutas e leigos pudessem receber treinamento e que, além disso, enviasse professores para ensinar a terapia em todo o mundo.

Miraculosamente, Dev-Aura, em Lincolnshire, tornou-se nosso centro e hoje recebe alunos de todas as partes do mundo ansiosos por se tornarem pioneiros dessa terapia da Nova Era.

Acredito valer a pena lembrar que a primeira promessa da Nova Era foi feita a Noé, quando a Terra e seus habitantes corriam o risco de serem destruídos pela insensatez humana.

Hoje, muitos corações tremem de pavor sob a ameaça de alguém que em algum momento pode apertar um botão e dar início a uma hecatombe. Jesus Cristo, porém, veio ao mundo para trazer a promessa de uma nova vida, e várias vezes falou de uma Segunda Vinda e de uma Nova Era. Muitos esperam por esse momento, mas eu sinceramente acredito que ele já chegou.

O significado da promessa feita a Noé é que Deus nunca mais permitiria que o mundo fosse destruído. Essa aliança foi representada pela primeira vez por meio de um arco-íris que se formou no céu, com seu completo espectro de cores:

> *Disponho meu arco nas nuvens e ele será o símbolo da aliança entre Mim e a Terra.*
>
> Gênesis 9:13

Diariamente surgem novos aspectos da Aura-Soma. É uma terapia em constante evolução. Essa introdução é apenas uma coletânea de seus pontos principais.

1. Oh, meu amado pai!

Quando minha mãe adoeceu, vítima da gripe espanhola, em 1918, meu pai tentou desesperadamente salvá-la. Inutilmente, tentou vencer a febre pela hidroterapia. Embrulhava minha mãe num cobertor molhado e deitava-se a seu lado. Mas a guerra e muitos filhos haviam minado a saúde de minha mãe. Quando morreu, o coração de meu pai foi enterrado com ela.

Felizmente, minha irmã, que também havia contraído a gripe, sobreviveu.

Meu pai ficou então com a responsabilidade de cuidar de mim (praticamente recém-nascida) e mais uma escadinha de seis irmãos com diferenças de idade de dois ou três anos. Em tal situação, podia apenas escolher entre dois caminhos: contratar uma governanta ou casar-se novamente. Escolheu a segunda opção.

Minha madrasta, de origem polonesa, era baixa e de proporções avantajadas. Seus olhos, de cor azul acinzentada, eram expressivos e podiam passar num instante da suavidade para um olhar de absoluta crueldade, como um gato a contemplar um rato apavorado. Esse olhar me queimaria internamente como fogo e assombraria meus sonhos por muitos anos.

Minha madrasta amava seu marido e desejou dar-lhe filhos, mas era estéril.

Como eu tinha apenas alguns meses de vida e dependia inteiramente dela, me tornei, em sua mente, a filha que tanto desejara conceber. Aparentemente, mesmo na mais tenra idade, eu me parecia vagamente com meu pai, não com minha mãe, e isso contribuía para alimentar sua ilusão.

Minha memória é capaz de evocar lembranças do período em que eu era um bebê muito novo e até do período anterior a meu nascimento, e esse é um dos estranhos dons que possuo.

Não tenho nenhuma lembrança de desarmonia ou

trauma durante os primeiros dois ou três anos de vida, época em que sinto ter sido tratada como sua verdadeira filha. Somente eu, entre as sete crianças, a tratava de "mamãe".

Meus irmãos e irmãs se dirigiam a ela como "tia". Entretanto, ressentiam-se de sua presença, pois ela havia entrado em suas vidas apenas poucos meses depois da perda de sua querida mãe, que verdadeiramente os amara. Assim, a relação entre meus irmãos maiores e sua madrasta só fez tornar-se cada vez mais tensa.

Meu pai era mantido na mais completa ignorância da situação, devido à lealdade e ao amor que lhe dedicavam meus irmãos, desejosos de evitar aborrecimentos a sua vida.

Minha madrasta era uma excelente cozinheira, a mais competente das donas de casa e via as necessidades de seu marido como de suprema importância. Sob sua disciplina férrea, a casa funcionava como um relógio. Tinha fixação com relação à casa e tudo o que ela continha. Mas não era lugar para uma criança – livros, brinquedos e amigos não estavam autorizados a invadir a casa arrumada. Era verdadeiramente fanática com relação a isso e, desse modo, não havia como estranhar que meus irmãos e eu não conseguíssemos simpatizar com ela.

Um a um, os filhos mais velhos tomaram seus próprios caminhos, deixando-me sem companhia na atmosfera sem amor daquele palácio impoluto.

Com alguma regularidade, meus irmãos e irmãs se encontravam com nosso pai, e de vez em quando apareciam lá em casa. Numa dessas rápidas visitas aconteceu um fato que enuviaria o resto de minha infância. Triste e ironicamente, foi a irmã que mais me amava e que tinha vindo me visitar quem disparou a desastrosa seqüência de eventos. Eu conversava com ela, com a tagarelice e a inconseqüência típicas de uma criança, e provavelmente permeei minhas frases com expressões como "mamãe disse" e "mamãe fez", já que na época minha madrasta era uma verdadeira figura materna para mim.

Imagine meu interesse infantil quando recebi a súbita informação de minha irmã: – Ela não é sua mãe, e você não tem que fazer tudo o que ela diz!

O momento passou, mas a notícia fora absorvida. No mesmo dia, mais tarde, minha madrasta e eu discutíamos sobre assuntos de pouca importância, um pequeno desentendimento tão conhecido de todos os pais com seus filhos teimosos. Não me lembro do que se tratava, mas obviamente envolvia minha cooperação. Tínhamos atingido um ponto crucial. Eu estava amedrontada, encurralada, quando me veio à lembrança o momento recente. Encarei-a de modo desafiador e disse: – Você não é minha mãe. Eu não tenho que fazer nada do que você diz.

Seguiu-se um longo silêncio. Os olhos azuis acinzentados tornaram-se de aço, e naquele momento os portões do inferno fecharam-se ruidosamente atrás de mim. A partir de então tudo mudou. A ilusão que ela criara tinha se estilhaçado, e eu me transformei no bode expiatório de todas as suas frustrações e ressentimentos. Os anos seguintes me fazem lembrar as palavras de Elizabeth Barrett Browning: "Pois as lágrimas borraram as cores de minha vida."

Não tenho dúvida de que minha madrasta, com sua crueldade, cumpria uma determinação, e de que aquele foi um período de aprendizagem para mim. Hoje, ao relembrar, consigo entrever a verdadeira essência de suas ações, e a compreensão traz consigo a capacidade de perdoar.

Criança pequena, privada de amigos, eu chorava secretamente sobre o travesseiro todas as noites. Meu único consolo era saber que meu querido pai logo voltaria para casa. Ele nunca deixou de vir me dar boa noite.

Meu quarto ficava perto da sala de jantar e, talvez devido ao hábito adquirido quando eu era mais nova, as portas nunca eram fechadas, e tanto a porta de meu quarto quanto a da sala de jantar estavam sempre entreabertas. O reconhecimento da presença de meu pai em casa e o som reconfortante de seus passos pareciam trazer a cura para toda a tristeza que eu sentira, causada pelos desentendimentos e infortúnios ocorridos durante o dia.

Eu ficava ali deitada e me deliciava. Podia ver a mesa, com sua toalha branca cintilante e os talheres reluzentes. A luz das velas brilhava com calor através da garrafa de vinho. Todas as noites se cumpria o mesmo ritual.

Meu pai e minha madrasta começavam a jantar às sete horas e conversavam sobre os acontecimentos do dia. Ansiosamente, eu observava os movimentos das mãos de meu pai enquanto preparava a pêra que sempre comia na sobremesa. Eu sabia que se aproximava o momento precioso em que ele entraria em meu quarto e me presentearia (minhas lágrimas já há muito enxutas) com o último suculento pedaço da pêra, antes de me dar um beijo de boa noite.

No início desse século, as crianças eram vistas, mas não ouvidas, e o ditado "Quem dorme cedo acorda cedo" era amplamente posto em prática. Nossa casa não era exceção. A chegada de meu pai exigia muita preparação antecipada. Assim, no inverno, eu geralmente tinha que me recolher a meu quarto por volta de quatro horas da tarde. O período entre quatro e sete horas era de expectativa, e nada me fazia dormir antes de meu pai entrar em meu quarto e me dar boa noite.

Enquanto estava ali deitada na penumbra, antes de o acendedor de lampiões chegar e atear fogo à lâmpada a gás que ficava do lado de fora de minha janela, estranhas visões povoavam minha mente. Essa sensação ocorreu a intervalos regulares durante minha infância e continuou durante toda a minha vida. Eu às vezes me via cantando estranhas cadências e ainda mais estranhas palavras, cujo significado e som não pareciam ter ligação real com o mundo a meu redor. Misteriosamente, porém, era como se eu estivesse usando uma linguagem de muito tempo atrás e que eu podia compreender naturalmente.

Uma certa visão se repetia sempre. O quarto de repente imergia numa luz difusa e eu via uma mulher alta e macilenta, dolorosamente magra, ao lado da qual caminhava um cão igualmente emaciado, com as costelas totalmente à mostra; a fome que passavam era evidente em seus rostos. Havia neles, porém, um ar de civilidade e dignidade; sua nobreza irradiava. Mesmo sendo uma criança de três anos, eu não sentia medo nem apreensão quando eles passavam diante de mim, noite após noite. Embora eu me apiedasse de seu estado, algo dentro de mim sabia que era uma situação que eles tinham escolhido, era um caminho que estavam destinados a trilhar.

Essa visão me ocorreu durante muitos anos até que um dia, em mais uma visão, a explicação se revelou. A partir de então eles se foram para seu descanso eterno, para apenas retornar em seu verdadeiro papel nesta vida, me permitindo assim compreender todo o significado do que eu vivenciara.

Esse foi meu primeiro contato com a experiência de "regressão" – uma consciência do passado que se manifesta no presente.

A esfera de ação de meu pai na casa parecia abranger também o tratamento das doenças, da mesma forma que a ocupação, e a preocupação, de minha madrasta era com a arrumação da casa. Não tenho lembrança de algum dia um médico ter sido chamado a minha casa. Desde muito pequena meu pai atendeu a todas as necessidades e cuidava de nossas várias doenças.

Eu tinha grande tendência à dor de garganta.

Certa vez, eu estava com amigdalite e chorava miseravelmente de dor. Até hoje o cheiro acre do vinagre aquecido traz a minha mente a visão de meu pai, dobrando cuidadosamente o papel pardo, despejando vinagre entre as dobras, embrulhando tudo num lenço e passando sobre a faixa o ferro quente. O lenço era então amarrado cuidadosamente em torno de minha garganta, e na manhã seguinte a dor tinha cedido.

Anos depois, encontrei a explicação para o sucesso desse tratamento, que tinha raízes no saber antigo. O papel pardo que se usava naquele tempo era feito de polpa de madeira. Podia-se, inclusive, enxergar as fibras da madeira no papel. As essências terapêuticas e resinas – base de muitos bálsamos – ficavam totalmente preservadas e se dissolviam em contato com álcool ou ácido. O calor as liberava.

Eu passava a semana na expectativa do fim de semana, do momento precioso em que meu pai me levaria para passear. Os homens naquele tempo eram muito dados a uma rotina estrita e ele não era uma exceção. Eu sabia exatamente aonde íamos e o que o dia necessariamente prometia.

A primeira parada no sábado de manhã era sempre o salão do barbeiro – naquele tempo os homens se barbeavam, e eram barbeados, com navalha. Meu pai era um homem bonito com olhos castanhos ternos e expressivos que pareciam atravessar a pessoa com quem conversava. Já se disse dele que olhava para alguém como se duas velas iluminassem os altares de seus olhos. Suas mãos não eram grandes mas muito bem modeladas, com unhas que pareciam de avelã. Tinha ombros largos, quadris estreitos e era altivo. Soube que não engordou um só grama até o fim de sua vida, aos 85 anos de idade.

Tinha algo de realeza em sua postura, mas apesar disso era um homem simples, gentil. Nunca o ouvi erguer a voz; bastava um simples olhar. Vestia-se impecavelmente. Era meticuloso e imaculadamente limpo em tudo – um homem que tinha respeito pelo templo de seu corpo. Nós, seus filhos, o amávamos e respeitávamos com total devoção.

No salão, meu pai se barbeava, com direito a toalhas quentes, e quase sempre aparava os cabelos. Eu esperava pacientemente, sentada num banco de madeira e completamente absorvida pelo espetáculo. Prendia a respiração quando as toalhas quentes encobriam seu rosto até deixar apenas a ponta rosada do nariz à mostra. Sempre me preocupava se ele estaria conseguindo respirar, e sentia imenso alívio quando as toalhas eram retiradas e descobriam seu querido rosto intacto.

Em seguida, o que parecia ser uma pequena pedra de

gelo era esfregada sobre a pele do rosto. Hoje sei que era pedra-ume, para fechar os poros e a retesar a pele. Atualmente se usa pedra-ume, ou alume, em muitas loções adstringentes.

Em seguida íamos para o clube que meu pai freqüentava, onde eu era colocada num banco alto e entregue aos cuidados de alguém que suponho ser um porteiro ou atendente. Eu ganhava uma barra de chocolate – a grande guloseima da semana. Meu pai amarrava o grande lenço branco, que sempre trazia no bolso, em torno de meu pescoço para que meu vestido não se sujasse. Ele então desaparecia no santuário do clube, onde era proibida a entrada de mulheres e crianças.

Minha mente infantil o imaginava participando de todo tipo de atividades fascinantes. Um dia, porém, meu irmão, que teve permissão para entrar no santuário, me contou que eles simplesmente jogavam xadrez!

Passado algum tempo, meu pai reaparecia e, com o lenço, limpava as marcas de chocolate de meu rosto. Eu sabia que agora minha alegria estava prestes a começar. Sempre tomávamos o mesmo caminho, passando por uma elegante quitanda, onde parávamos para adquirir algumas frutas. Eles vendiam abacaxis frescos em fatias longas que ficavam num grande pote de vidro brilhante e, sem dúvida ciente da sede de uma criança, meu pai permitia que eu comesse uma fatia dessa deliciosa iguaria. Eu observava fascinada enquanto a fatia selecionada era retirada do pote com um longo garfo de duas pontas, e rezava para que nenhuma parte do precioso pedaço se perdesse na delicada manobra. Isso aconteceu uma vez e papai, um obstinado defensor das boas maneiras, insistiu para que eu aceitasse o pedaço remanescente sem resmungar.

Eu saboreava com grande prazer o abacaxi suculento. Enquanto isso, meu pai escolhia algumas frutas da loja, que selecionava com muito cuidado para levar.

Eu nunca via qualquer movimentação de dinheiro, e naquela idade, com cinco ou seis anos de idade, o mundo das contas era desconhecido para mim. Eu contemplava meu pai com admiração e o via como um deus, pois parecia que ele podia simplesmente levar o que quisesse. Quando meu pai leu para mim o trecho da Bíblia que diz "Todos os frutos da terra são seus", acreditei sinceramente que aquela era a comprovação definitiva.

Dali seguíamos para o Victoria Park – um imenso parque em Londres, ao norte do rio Tâmisa. O trabalho de meu pai exigia que nós vivêssemos naquelas redondezas e isso muito me agradava.

O parque tinha grandes atrações para uma criança pequena interessada em tudo que se movesse ou respirasse. Os cervos se aproximavam, em busca de petiscos. Papai sempre trazia um bom suprimento de sobras de comida cortadas em pequenos e ordenados pedaços que trazia numa pequena sacola de tecido – não gostava de sacos de papel. Ele parecia conhecer cada cervo pelo nome, e eles não pareciam temê-lo. Nós caminhávamos e dizíamos um solene "bom dia" aos papagaios no viveiro. Eu tinha um pouco de medo deles, com seus bicos recurvados e vozes estridentes.

Quando nos aproximávamos do pequeno lago, eu parava e ficava observando as crianças descalças, com suas botas dependuradas pelos cadarços em volta do pescoço, brincando na água rasa, com vidros de geléia e redes feitas em casa nas mãos, tentando capturar os peixinhos multicoloridos.

A mim nunca era permitido tal luxo, que era como eu considerava a idéia de me juntar a eles. Meu pai tinha bastante consciência do perigo de pés descalços sobre cacos de vidro e mais de uma vez ajudara a socorrer uma criança ferida. Ele me proibira terminantemente de entrar no lago. Eu sentia grande atração pelos peixinhos brilhantes que nadavam na água dos vidros de geléia, mas uma vez me entristeci ao ver um ou dois deles que, por algum motivo, flutuavam de cabeça para baixo, quase mortos. Desde então perdi a vontade de capturá-los.

Meu pai estava em completa sintonia com o reino dos animais e das plantas. Enquanto caminhávamos, me mostrava as múltiplas variedades de flores silvestres que havia ali. – Qual delas – perguntava – você acha que poderia curar a pobre mão do papai?

É claro que não havia nenhuma mão doente, mas eu saltitava com animação entre as ervas e flores, procurando sentir qual delas poderia ajudar meu querido pai. Assim ele me ensinou a me abrir para meu instinto interior, uma intuição que ele obviamente já possuía. Eu ouvia com grande interesse quando me explicava sobre as ervas e flores, e ele parecia ter um conhecimento profundo de suas propriedades curativas.

Eu não estava autorizada a arrancar nem mesmo uma folha: – ... a não ser que você tenha necessidade dela – dizia meu pai. – Você não deve nunca desperdiçar uma vida.

Eu levava tudo isso muito a sério e me lembro da grande tristeza que sentia ao ver as campânulas que eram arrancadas de seus galhos – dos quais pingava um fluido leitoso, seu sangue vital – apenas para encontrá-las mais tarde espalhadas pela beira do caminho, roubadas para serem depois abandonadas, largadas, como as vidas que se desperdiçam num campo de batalha.

Esses dias de crescimento com meu pai eram tudo o que meu jovem coração precisava. Por meio de meu pai tomei consciência de todas as forças vivas do mundo visível e invisível. Parecíamos estar unidos por um conhecimento interno que, mesmo sendo criança, eu reconhecia e aceitava sem questionar. Da mesma maneira, sem dúvida, meu pai estivera ligado a seu pai, e seu pai ao pai dele, e assim por diante. Era como se uma longa corrente se estendesse para trás e para trás no tempo até a eternidade.

Aconteceram muitos estranhos incidentes e curas que minha mente de criança reconheceu sem compreender totalmente. Esses fatos se repetiram ao longo de minha vida e quando chegou o momento, passei a percebê-las e a compreendê-las.

2. O segredo

O dia prometia muitas alegrias e emoções. Era dia 20 de agosto, meu oitavo aniversário. Vesti depressa, mas com capricho, meu uniforme de escola: bermudão azul-marinho com bolso, roupa de ginástica preta, cinto e blusa branca. A expectativa enchia minha alma de cores.

A manhã não foi o que eu esperava. Ao invés disso, nuvens escuras de decepção e humilhação. As crianças podem ser muito cruéis. Minhas amigas, vestidas de preto, zombaram de mim e me perseguiram, cantando com escárnio. Lágrimas de dor e desespero escorriam por meu rosto. De repente, conheci a amargura da rejeição.

Era a hora do jantar, e meu pai acabara de chegar em casa para a refeição. Atordoada, corri para ele logo que passou pela porta. Suas mãos carinhosas me abraçaram e me acalmaram. Enterrei minha cabeça em sua cintura. Senti uma paz mágica, a agitação extinguiu-se e os soluços cessaram.

– O que foi? – meu pai perguntou com ternura.

Disse o nome de duas de minhas amiguinhas e contei que elas me chamaram de boba e não quiseram brincar comigo. Por um segundo, pensei ter visto um lampejo de sorriso em seus olhos.

– O que você disse a elas?

Mais soluços de humilhação se seguiram: – Tudo o que eu disse foi que havia lindas cores em volta delas.

Foi isso que, arrasada, lhe respondi.

– Hum – fez ele, e nesse momento um sorriso se instalara definitivamente em seus ternos olhos castanhos. – Você quer saber que cores papai vê em torno de você?

De repente o sol voltou a brilhar e recuperei minha tranqüilidade. Meu querido pai se identificava comigo, e Deus estava de novo no céu.

– Veja você – explicou ele – esse é um dom que nós dois

recebemos. Eu tenho esse dom e seu avô também tinha. Mas ainda não chegou o tempo de revelar isso, pois o mundo não está pronto. Um dia, porém, você poderá se abrir e as pessoas não dirão que você é louca.

Ele tomou minha mão e, como costumava fazer quando ia se afastar por um tempo, beijou-a na palma e fechou-a com meus dedinhos.

– Você entende o que papai sempre diz, que este é nosso segredo. Ninguém sabe o que você tem em sua mão e nem pode tirar isso de você, exatamente como as cores que eu e você enxergamos. É nosso segredo.

Ele falava como uma alma ancestral, e se dirigia a mim como a um igual. – Você – disse ele – é um eco ancestral de um eco, de um eco, de um eco.

Naquele tempo o significado do que meu pai dizia era muito vasto para que eu pudesse captar, mas era sua maneira de inculcar em minha mente receptiva aquilo que eu mais tarde iria entender, no devido tempo. Eu não imaginava que se passariam sessenta anos antes que minha mão pudesse ser aberta e meu segredo compartilhado.

3. A primeira cura

Cecília era minha colega de classe. Éramos inseparáveis na escola. Sentávamo-nos juntas, compartilhávamos as brincadeiras na hora do recreio e juntas caminhávamos para casa. A maioria das crianças convidava seus amigos para brincar em sua casa, ou para tomar chá, mas eu raramente aceitava um convite de qualquer de minhas colegas, pois sabia que não poderia retribuir devido ao regime rigoroso de minha madrasta. Ela não me permitia brincar com os amigos em casa por medo de perturbar a ordem de seu lar.

O sinal tocou, liberando-nos para os poucos e preciosos minutos de liberdade e brincadeiras no caminho para casa. Apanhamos nossas pastas e enfiamos os chapéus na cabeça para começar a tagarelice.

Cecília e eu, com cerca de onze anos de idade, nos sentíamos muito superiores às outras crianças. Naturalmente que nós não falávamos sobre inutilidades. Em lugar disso, de braços dados, perambulávamos e passávamos em revista o mundo e seus habitantes.

Cecília, filha de pais irlandeses que sem dúvida escolheram seu nome em homenagem à santa padroeira dos músicos, era uma pequena alma gentil e sonhadora, cujos encantadores olhos azuis e longos cílios negros irlandeses quase sempre ostentavam um semblante distante, visionário, completamente desapegado desse mundo.

Nós parecíamos estar perfeitamente afinadas, extremamente conscientes das coisas belas da vida. Mesmo naquela idade, a poesia em nossas almas já encontrava expressão. Mas não se deixe enganar, pois éramos crianças normais e saudáveis, perfeitamente capazes de todas as travessuras normais entre jovenzinhas de nossa idade. Acredito que nossa formação e educação, embora em ambientes muito diferentes, seguia as mesmas linhas disciplinares.

Caminhávamos juntas para casa naquela tarde e me assustei quando Cecília parou, de repente.

– Oh, quase me esquecia – disse ela. – Eu tinha que passar na casa de minha tia. Minha mãe está muito preocupada com ela. Ela está doente e tem que ficar na cama o tempo todo. Você viria comigo? Não vou me demorar.

Assustada, olhei para ela. – Lembre-se, Cecília, de que se eu não chegar em casa antes da hora do chá vai haver confusão. Quanto tempo você vai ficar lá?

Eu sabia que receberia uma reprimenda severa se me atrasasse pois, como todas as refeições em nossa casa, o horário do chá era rigorosamente obedecido. Cecília me lançou um olhar oblíquo. Conhecia bem sua amiga, e suas fraquezas.

– Minha tia sempre me dá um maravilhoso pedaço de bolo de frutas quando vou lá – segredou com astúcia.

Ela atingira um ponto vulnerável, e sabia disso. Embora minha casa fosse cheia de comidas gostosas, bolo de frutas no chá era uma raridade. Pão com manteiga, alface e queijo eram o cardápio habitual, já que os doces não eram muito incentivados.

– Está bem – eu disse, sem muita firmeza – mas prometa que não vai se demorar.

De uma saliência no meio da porta pendia um cordão, que as visitas puxavam para entrar na casa, depois de terem anunciado sua chegada com um grito através da abertura da caixa de correio. Tremo ao pensar nos perigos a que estamos expostos hoje, mas naquela época esse era um arranjo simples, eficiente e seguro.

Concluído o ritual da anunciação, entramos no quarto. Impecavelmente limpo e despojado na decoração, a única mobília que o quarto continha, além de uma poltrona e uma penteadeira, era a grande cama de casal, com todos os detalhes em metal bem lustrados e brilhantes.

Minha amiga do peito, com a intimidade de grandes amigos, correu e sentou-se na confortável poltrona.

– Olá – eu disse timidamente para a figura reclinada na cama, e permaneci de pé, pois não havia outra alternativa. A mulher, pálida, magra e com ar cansado, sorriu sem forças para mim, seus olhos fixos nos meus.

– Venha sentar-se aqui, querida – disse ela num fio de voz, dando tapinhas na cama. Sempre me ensinaram que não se deve sentar na cama de uma pessoa doente, mas não havia alternativa. Ela se esticou e me puxou para perto dela, e por alguma razão não largou meus dedos.

Cecília olhou gulosamente para o imenso bolo de frutas esplendorosamente colocado num prato sobre a penteadeira e perguntou de forma um tanto direta: – Gostaria de tomar um chá, tia? Quer que eu lhe corte um pedaço de bolo?

Novamente o sorriso caloroso. – Sim, querida, e obrigada. Corte também um pedaço de bolo para você e para sua amiguinha.

Ela ainda não soltara minha mão e eu achava um tanto desconfortável lidar com apenas uma das mãos com o naco do delicioso bolo de frutas que me foi servido no prato. Entretanto, o amor sempre encontra seu caminho, e o bolo encontrou seu caminho diretamente para minha boca, sem derrubar uma só migalha. Educadamente respondi a todas as perguntas de hábito: – Qual é seu nome? Você estuda na mesma sala da Cecília? – Comecei, então, a me preocupar se não chegaria atrasada em casa.

Minha mão formigava, numa sensação muito estranha, e embora eu estivesse ansiosa para partir, era quase como se eu não pudesse retirar minha mão, mesmo se tentasse. Isso ocorreria muitas outras vezes em minha vida, sempre que eu entrava em contato com alguém que precisava de cura.

Não era em geral um ato consciente, e somente uma vez isso foi feito a pedido. Finalmente, o formigamento passou e eu delicadamente retirei minha mão.

– Preciso ir – disse. – Obrigada pelo maravilhoso bolo. – Quase corri para fora do quarto. Cecília também se despediu e se apressou em me alcançar.

– Maravilhoso o bolo, não? – foi o primeiro comentário de minha amiga (nenhuma palavra sobre sua tia, embora eu soubesse o quanto ela amava a tia).

Cheguei em casa tarde e, como eu havia temido, tive de aturar as conseqüências. Jurei a mim mesma que nunca mais seria apanhada em tal situação. Depois disso, Cecília me convidou mais três vezes para visitar a tia, mas com a lembrança do castigo ainda recente, não aceitei. Na quarta semana, Cecília me encurralou.

– Minha tia tem perguntado por que você não vai vê-la. Está muito sentida por causa disso.

Fraquejei e fui. A mesma seqüência de eventos ocorreu. Segurei sua mão, o formigamento começou, e então fui embora e recebi o mesmo castigo por ter chegado atrasada em casa.

No convite seguinte, nem mesmo a tentação do maravilhoso bolo conseguiu me convencer a ir. Na semana seguinte, porém, Cecília não pôde se conter. Literalmente dava pulos de alegria.

– Você tem que vir. Quero que você veja uma coisa!

– O que é?

– Um segredo – respondeu, enigmaticamente. Que psicologia! Eu fui.

Dessa vez não havia cordão dependurado na porta. Cecília bateu e, num instante, sua tia estava de pé diante de nós, muito mais alta do que eu imaginara, e muito mais magra também. Mas ali estava ela, com um sorriso aberto.

– Entre, minha querida – ela disse. – Estava esperando para agradecer a você.

Ela me abraçou e eu me senti vagamente perturbada. Agradecer-me por quê, e por que ela estava andando? Tomamos chá juntas, mas a essa altura eu estava irrequieta, cruzando e descruzando as pernas, ansiosa para ir embora.

– Vejo que você está com pressa – disse a tia de Cecília – e não quero lhe criar problemas. Só queria que você soubesse que você me curou, e que lhe serei eternamente grata.

Julguei que ela estava bastante desequilibrada e não consegui sair dali tão rapidamente quanto gostaria. Em algum lugar de meu ser havia uma agitação, um medo do desconhecido, uma relutância em pensar mais detidamente a respeito daquilo. Depois daquela visita tornei-me inflexível, e nunca voltei lá.

Minha querida amiga Cecília trocou esse mundo pelo dos anjos com a tenra idade de treze anos, depois de perder a batalha contra a tuberculose. Lamentei a morte de minha querida amiga, mas me encontrei várias vezes com ela desde então: é como se ela não tivesse partido. Antes de ir embora Cecília me disse que sua tia estava de cama há muitos anos e, poucos meses antes de me conhecer, tivera uma revelação, informando-a de que uma criança seria enviada para curá-la.

4. Quem é você?

Após o confronto decisivo com minha madrasta, as coisas se deterioraram cada vez mais. Eu me encontrei na mesma posição de meus irmãos e irmãs, mas com uma diferença. Enquanto eles representavam uma intrusão na vida de minha madrasta com meu pai, meu papel era bem mais profundo. Ela vivera com a imaginação de que era minha verdadeira mãe, e a destruição dessa ilusão trouxe à tona ódio, rancor e violência física.

O padrão se repetiu e afinal tornou-se insuportável. Mais tarde, aos 16 anos, deixei minha casa, levando nada além da roupa do corpo.

Era um dia quente, ensolarado, com um vago ar outonal. As árvores e a folhagem a meu redor brilhavam em meio à neblina. Sentei-me no banco do parque, enchi meus pulmões de ar e me entreguei à paz que inunda uma pessoa em busca de identificar-se com a natureza. Eu viajava em meus pensamentos e no espaço.

Então, inesperadamente, ouvi uma voz bem a meu lado dizer: – Incomoda-se se eu me sentar?

Eu me vi com os olhos fixos no rosto abatido de uma mulher de aproximadamente quarenta anos de idade. Devo confessar que a intrusão não era exatamente bem-vinda. Apesar disso, troquei as amabilidades de hábito com ela.

De repente, ela se inclinou para a frente, me olhou atentamente e disse: – Você é clarividente, não é?

Surpresa e assustada, eu a encarei de volta. Clarividente? Meu pai e eu nos conhecíamos apenas na forma como éramos, sem a complicação dos rótulos. O que tínhamos a dar nos foi dado naturalmente, era algo espontâneo e involuntário. Era a primeira vez que eu enfrentava a pergunta: – Quem é você? O que você é?

Parte de mim de repente desejou afastar-se dali, sentindo-se amedrontada. Ordenei rapidamente meus pensamentos, pois a mulher continuava me olhando fixamente, aguardando. Então, talvez sentindo que tinha sido um pouco abrupta com sua pergunta, pois eu era muito jovem, ela disse: – Minha casa é logo ali. Você aceitaria uma xícara de chá e um pedaço de bolo, talvez?

Parece que a tentação do demônio apareceu na forma de bolo de frutas e chá ao longo de toda a minha vida, pois em várias ocasiões em que me ocorreu um incidente surpreendente o bolo de frutas foi o poder decisivo que me arrastou, como um castigo para a juventude eternamente faminta.

O chá estava quente e delicioso e o bolo preencheu as expectativas. Relaxada, me preparei para agradecer-lhe e partir.

– Ajude-me – disse de repente a mulher. – Você pode me ajudar. Eu estou muito triste e preocupada.

Suas palavras tomaram meus ouvidos, e apesar de minha aversão instintiva, ouvi, surpresa, minha própria voz pronunciando palavras que eu nunca pensaria ouvir: – O que você está fazendo está errado. Você está tendo um caso amoroso com um jovem que está ligado a sua família. Não está certo. Isso não vai trazer nenhum bem.

À medida que as palavras saíam de meus lábios eu as desejava retirá-las. O que era aquilo que me possuiu e me fez dizer aquilo? Seus olhos transbordaram.

– Você tem razão – disse ela. – É o amigo de meu filho. Estamos tendo um relacionamento. Ele está vivendo aqui. Meu filho está infeliz e quer sair de casa. Estou dividida entre os dois, mas me sinto incapaz de romper com ele.

– Alguém tomará a iniciativa para você – eu disse.

Levantei-me da cadeira e educadamente me dirigi para a porta. Internamente, estava muito confusa. Enquanto cruzava o salão, a porta se escancarou e uma figura grande e corpulenta apareceu.

– É ele – sussurrou ela. – Você poderia falar com ele?

A situação evoluíra rapidamente e eu estava sendo jogada numa situação que nunca havia experimentado antes. Parecia haver uma compulsão que se sobrepunha à repulsa que eu sentia. Era como se houvesse uma determinação se cumprindo apesar de minha resistência. Devo admitir que fiquei amedrontada. Rezei em silêncio e comecei a criar um círculo de proteção a meu redor. Mas era muito tarde, pois me encontrei sendo conduzida para o salão ao lado. A porta se fechou com firmeza depois que o homem entrou atrás de mim. Era um jovem de cerca de vinte anos. Ele se inclinou em minha direção, perscrutando meu rosto com ansiedade.

– Diga o que tem a me dizer – ordenou.

Oh, eu teria acabado com tudo aquilo na mesma hora. Mas, de novo, ouvi uma voz que nem mesmo tinha um som parecido com o da minha dizer: – Você está envolvido em negócios escusos. Isso não é bom.

– Que negócios? – perguntou.

– Dinheiro.

– Dinheiro! Que dinheiro?

– Dinheiro escuso – respondi. – Um monte de dinheiro.

– A quantia de 500 libras esterlinas brilhou em minha mente. Revelei a ele meu pensamento. Ele não fez nenhum comentário. A voz por trás da voz continuou: – Você terá esse dinheiro, mas não o terá.

Percebi imediatamente a insensatez da declaração. Você o tem, você não o tem. Que absurdo! Senti que seria recomendável me desculpar rapidamente.

– Pode me dizer mais alguma coisa? – ele perguntou. Estava agora pálido e com um tom desesperado na voz.

– Não – respondi com segurança, embora não me sentisse absolutamente segura. – Preciso mesmo ir agora.

Relutante, ele abriu a porta para mim e eu me retirei sem mais demora. A atmosfera no apartamento estivera carregada, pois eu senti por meio de minha consciência mais interior a desarmonia e as vibrações negativas do local.

Voltei depressa para o parque, onde respirei o ar fresco e esperei até recuperar minha tranqüilidade e segurança.

Essa foi a primeira de muitas experiências similares que eu haveria de ter à medida que amadurecia. Sempre de maneira involuntária, algumas vezes tive revelações não só do futuro mas também do passado. Isso aconteceu mais uma vez e mais outra em manifestações diárias e cada vez mais intensas. Nunca falei a ninguém sobre isso. Senti que não era uma área na qual eu tinha que conviver continuamente e que esse dom particular deveria ser usado apenas para ajudar quando houvesse necessidade. Nunca o utilizei como diversão.

Uma ou duas semanas depois, quando dava uma olhada no jornal local, li que o pavilhão do parque fora arrombado e o estoque de cigarros roubado. (O roubo ocorrera cerca de dois dias após meu encontro com a mulher e seu namorado.) A reportagem prosseguia e contava que um homem havia sido preso em flagrante quando vendia os cigarros para um receptador, que 500 libras esterlinas tinham sido recuperadas e que o homem fora condenado a seis meses de prisão.

Assim, o relacionamento de fato se rompeu, como havia sido predito.

5. O boticário

O guerra já estendia há um ano, e eu agora vivia em West Drayton, Middlesex. Todos os dias, meu caminho de volta para casa, depois de desembarcar na estação ferroviária, me levava a passar diante da velha farmácia da esquina, com seus frascos coloridos que invariavelmente atraíam meu olhar. Às vezes a porta se abria e cheiros estranhos chegavam a minhas narinas. Uma sensação estranha, embora familiar, me percorria e eu sentia um desejo de entrar – a loja me atraía de forma irresistível em sua direção. Estava sempre à cata de um motivo para entrar e comprar produtos que na verdade não eram essenciais.

A loja funcionava ali havia vários anos. Era antiquada e sem enfeites. A falta de pintura e a falta de dinheiro eram bem evidentes. Apesar dessa decadência ela me fascinava, pois tinha um ar de mistério e conhecimento ancestral. Pertencia a Edward Smallbrook Horsley, que tinha cerca de oitenta anos de idade, e a sua filha, Doris Margaret. Eu me demorava na loja a conversar com a Srta. Horsley sobre muitos assuntos. Poucas vezes encontrei seu pai, pois ele normalmente estava ocupado na farmácia de manipulação nos fundos da loja, de onde provinham aqueles cheiros intrigantes. Eu sempre saía de lá com uma inexplicável empolgação.

Exatamente em frente à loja, do outro lado da rua, um jovem farmacêutico inaugurou uma loja com todas as novidades, recursos modernos e eficiência, sem dúvida encarando com desdém a loja graciosamente antiquada do outro lado da rua, e seu concorrente idoso. Essa loja com seus azulejos novos e o cheiro de anti-sépticos estava exatamente em meu caminho para casa e seria o lugar mais lógico para fazer minhas compras quando necessário, mas por algum motivo ela me repelia em lugar de me atrair.

Embora houvesse uma grande diferença de idade entre nós, a amizade entre mim e Doris Margaret cresceu. Era um dia muito quente. Cansada e sedenta como eu estava, eu não poderia passar pela porta sem parar – e a montanha de dentifrício que eu acumulava em casa estava prestes a aumentar ainda mais.

– Aceita uma xícara de chá? – perguntou a Srta. Horsley.

Prontamente aceitei e, alegria das alegrias, fui convidada para entrar no santuário no fundo da loja. Atravessei encantada o local de trabalho e, no canto, uma pequena balança de boticário brilhava. Havia garrafinhas e pequenos frascos por toda parte. Perscrutei com os olhos as prateleiras abarrotadas, da qual pululavam nomes estranhos. Eugenol (óleo de cravo-da-índia), zingib (gengibre, muito apreciado e usado por boticários desde tempos remotos) – havia nomes fascinantes por toda parte.

Uma figura alta se levantou do banco. Era o próprio Horsley, um metro e noventa de altura, magro e pálido mas com um sorriso adorável. Seus olhos acinzentados me fitaram com ternura. Minha alma avançou dois passos; o reconhecimento foi imediato – eu tinha chegado em casa. A xícara de chá que me foi servida subitamente se transformou no néctar dos deuses. O terceiro olho estava em plena atividade, e se houvesse um quarto, também estaria em atividade.

De repente senti um cheiro desagradável. Olhei com suspeita para os dois gatos que descansavam tranqüilamente no canto. Parecia não haver necessidade de troca de palavras entre mim e ele desde o primeiro momento.

O sorriso estava em seu rosto novamente.

– Cheire isto – disse ele, erguendo o vidro que segurava em minha direção. – É valeriana. – O cheiro era parecido com o daquilo que um gato podia fazer. Aprendi então que, embora o cheiro seja horrível, valeriana é um óleo essencial muito valioso para problemas nervosos e muito usado como sedativo. Os dois gatos foram imediatamente inocentados.

Parecia inevitável que eu acabasse indo morar com os Horsleys. Os anos que nós três passamos juntos foram tempos tranqüilos em que aprendi – e reaprendi – muito, pois foi como se eu estivesse recuperando algo que eu já sabia.

Logo me vi envolvida num turbilhão de pequenos milagres. Às três horas da manhã eu ainda estava ativamente envolvida em várias experiências. Havia um sentimento de urgência no ar. A guerra criara problemas. Havia escassez de óleo para emulsões e de açúcar para xaropes contra a tosse, e a distribuição feita para os farmacêuticos se baseava estritamente nas quantidades usadas no passado.

Naqueles dias, o grande pilão de alabastro estava em grande evidência e era usado para preparar a maior parte das pílulas, emulsões e misturas.

Às segundas-feiras, preparávamos as misturas que mais tarde seriam fornecidas a vários médicos na região.

Isso envolvia o uso de grandes quantidades de óleos preciosos. Enviávamos orações silenciosas aos céus pois as emulsões eram às vezes muito complicadas e o menor erro podia resultar em desastre.

Chegou o dia em que fui encarregada de fazer minha primeira tentativa. Aplicada e cuidadosamente, obedeci, tanto quanto posso garantir, todas as instruções. No entanto, para meu horror, vi que a emulsão dos preciosos óleos tinha se separado. Doris, ao ver isso, e a expressão em meu rosto, fez um gesto de resignação solidária. Grande alma que era, não fez nenhuma acusação. Ao contrário, disse carinhosamente: – Acontece a todos nós. Como um açougueiro tem que cortar sua mão uma vez. – Por algum motivo isso pouco contribuiu para reduzir o desespero que eu sentia.

– Não há nada que você possa fazer a respeito – disse ela. – Melhor jogar isso fora.

Eu simplesmente não podia fazer o que ela dizia. – Podemos deixá-lo aqui por um tempo? – perguntei, implorando por um milagre. Havia outro trabalho a ser feito e eu prossegui com ele.

Na manhã seguinte, em meu caminho para o laboratório, voltei os olhos imediatamente para o pequeno frasco, mas não tinha se processado nenhum milagre durante a noite. Meu coração afundou, mas eu ainda não estava convencida de que devia jogá-lo fora.

Passei aquela noite num esforço extraordinário de orações, sangue, suor e lágrimas. Minha autoconfiança se estilhaçara, e o desperdício dos óleos me pesava na consciência. É provável que a compreensão demonstrada pelo querido Horsley e por minha amiga apenas tenham aumentado meu sentimento de culpa.

A farmácia de manipulação estava fechada; tudo estava limpo e em seu lugar. Terminei minha refeição e me encaminhei para lá. De repente, um pensamento pareceu ganhar vulto em minha mente, embora não fizesse muito sentido. Acrescentei algumas substâncias ao conteúdo do bendito frasco e agitei-o vigorosamente. O que aconteceu em seguida foi um tanto fora do normal e inédito no mundo farmacêutico.

Não vou entrar em detalhes aqui, mas quando mais tarde discuti o assunto com meus colegas o comentário foi: – Você é sem dúvida uma experimentadora, mas é impossível que isso funcione.

Na quarta-feira, parei e encarei o frasco diante de mim. – Está emulsificado – disse Doris, encantada. – É uma emulsão perfeita! – Ela prosseguiu: – Mas para que serve? – As substâncias que eu havia acrescentado à mistura tornaram-na inaplicável à finalidade original.

Doris esfregou um pouco do produto nas costas da mão, como fazem os químicos, para cheirar e avaliar. – Combina perfeitamente – disse ela. – Parece maravilhoso. – Experimentou um pouco no rosto; achei que ela era muito corajosa. Era uma mulher atraente, e com razão orgulhosa de sua aparência. Seus olhos tinham o mesmo calor e profundidade dos de seu pai, mas eram de cor quase violeta.

– Ótimo creme para o rosto – disse ela (cosméticos e loções estavam em falta naquela época). – Na verdade, daria um ótimo creme nutriente para a pele. – Sabíamos a história do produto e rimos muito.

– Você seria capaz de repetir a fórmula? – perguntou Doris.

– Acho que sim – respondi, intimamente torcendo que fosse verdade.

Eu era capaz e o fiz. Decidimos, em vista da demanda, oferecê-lo ao público. Teria de ser vendido com moderação, pois os óleos estavam racionados, mas quando, por qualquer motivo, havia um excedente de óleo, era direcionado para o preparo do creme.

Pouco a pouco, começaram a surgir as reações ao novo produto. Uma cliente que tinha feito um tratamento médico para eczema, sem resultado, comprou o creme como cosmético. Descobriu, para sua alegria, que o creme estava melhorando consideravelmente seu estado. E assim a história continuou, e o creme começou a se firmar como produto. Até hoje, muitos pequenos milagres depois, o creme ainda é usado na clínica em que mais tarde trabalhei, e até mais amplamente, não apenas por suas valiosas propriedades cosméticas mas também para ajudar no tratamento de psoríase, eczema e outros problemas de pele. Com surpresa descobrimos que o creme não precisava de conservantes, pois parecia manter permanentemente seu frescor. Não tenho a explicação científica para isso.

Esse foi o começo de muitas inspirações que, e eu digo isso com humildade, parecem sempre provir de um conhecimento que supera o conhecimento comum.

Gradualmente, uma coisa estranha começou a acontecer, pois parecia haver uma inversão de papéis entre Horsley e eu. Ele agora assistia, fascinado, sem tentar ensinar, mas sim parecendo absorver o que eu estava fazendo. Pouco a pouco Doris passou a assumir o trabalho de manipulação, e eu me vi cada vez mais dedicada à produção dos cremes e loções pelas quais nos tornamos conhecidos.

Chegou o tempo, tristemente, em que Edward Horsley começou sua jornada para um mundo superior. Eu estava a seu lado, abraçada a ele, e estivemos juntos até o último instante. Ele então passou para o outro lado em paz e com dignidade. Doris e eu sentimos muito sua falta.

Seguiu-se a difícil tarefa de colocar seus assuntos em ordem, e com cuidado juntar todos os documentos e objetos pessoais. De alguma maneira, mesmo os papéis pareciam possuir uma mágica, uma mensagem do próprio Horsley.

Sentada em sua cama, eu me encontrei mais uma vez a ler as anotações de seu aprendizado. Estavam datadas do fim da década de 1870, tantos anos atrás, quando somente os filhos de famílias abastadas podiam pagar a suntuosa quantia de 200 libras esterlinas para se tornarem aprendizes. Era uma verdadeira fortuna naquele tempo, e imagino que hoje representasse pelo menos duas ou três mil libras esterlinas. Horsley havia me mostrado aqueles papéis anos atrás e para minha jovem mente a linguagem parecia curiosa e divertida. Mais uma vez me detive na linguagem, e minha mente voou em direção ao passado, para aquela primeira vez no laboratório quando me dobrei de tanto rir dos trechos que lia. Não sou capaz de repetir as palavras com exatidão, mas era mais ou menos assim:

"Eu, Edward Smallbrook Horsley, por meio desse instrumento, aceito não freqüentar tavernas de baixa categoria..."

Essa frase me levou às gargalhadas, pois não apenas achei os termos do discurso arcaicos e deliciosos, como não conseguia sequer imaginar meu querido Horsley com desejo de visitar um lugar como aquele.

Continuei lendo.

"Eu, por minha vez" (naturalmente se tratava do farmacêutico que o treinava) "prometo que não servirei salmão fresco mais de uma vez por semana ao supracitado Edward Smallbrook Horsley."

Ao ler isso pela primeira vez, minha reação imediata foi perguntar: – Salmão fresco? Deve ser alguma brincadeira, com certeza! – Salmão fresco era um verdadeiro luxo para mim na época, como ainda hoje o é. Fiquei aturdida. A paciente explicação de Horsley esclareceu tudo: – Veja bem, querida menina, naquele tempo muitos aprendizes residiam com o farmacêutico enquanto estudavam. Passávamos muitos anos em treinamento, quase sempre encarregados de tarefas serviçais, como lavar os frascos. Embora as 200 libras esterlinas pagas ao farmacêutico no início do aprendizado fossem uma grande quantia, esse era o único pagamento. Assim, a esposa do farmacêutico, com às vezes sete ou oito garotos esfaimados para alimentar, buscava formas de economizar nos gastos com comida. Lembre-se de que vivíamos no coração de Gales. A carne era cara e, assim, que grande dádiva para a dona de casa era o pescador local, que prazerosamente entregava um imenso salmão pelo preço módico de alguns litros de cerveja.

O suprimento era ilimitado, e os pobres aprendizes tinham salmão fresco na refeição quase diariamente. Os meninos ficaram tão enjoados pelo excesso de salmão que a situação se tornou tensa, a tal ponto que a cláusula que você leu foi incluída no contrato.

E agora, todos os problemas solucionados, a questão da loja precisava ser resolvida. De acordo com as leis farmacêuticas (que ainda hoje são válidas), era ilegal manipular receitas sem um farmacêutico qualificado no local. Doris e eu éramos ambas manipuladoras experimentadas, mas embora Doris pertencesse à associação dos boticários e tivesse mais de vinte anos de experiência em manipulação, a lei afirmava que ela não podia dirigir a loja sem um diploma de farmacêutica dependurado na parede.

Era sempre esse o problema quando morria um farmacêutico que deixava o negócio para um parente não qualificado. A prática geral era contratar então um farmacêutico, em geral uma pessoa aposentada, e isso não era muito difícil.

Assim o Sr. A entrou em nossas vidas. Era muito velho, jocoso, claramente um jogador inveterado e, suspeitava-se vagamente, apreciava todas as tentações da carne. Era comum alguém se aproximar dele inesperadamente nos fundos do laboratório e encontrá-lo a estudar a coluna de turfe e a anotar suas apostas diligentemente, sentado no mesmo banco que antes era usado por meu querido Horsley. As obrigações do Sr. A não lhe pesavam pois, em vista da capacidade da Srta. Horsley, reduziam-se principalmente em checar e atender quando pedíamos sua assistência. Ele se incumbia da encomenda de estoques e, assim, ficávamos livres da carga dessa tarefa semanal, o que era uma grande ajuda. Por causa disso éramos cegamente agradecidas e simplesmente pagávamos as faturas quando elas venciam.

O Sr. A gostava de almoçar no laboratório, o que permitia a Doris e eu fazermos nossa refeição num pequeno local um quarteirão adiante. Como ele tinha direito a uma hora de almoço, insistíamos para que fechasse a loja e trancasse a porta até que retornássemos, para que pudesse comer em paz. Ele estava sempre muito amigável quando chegávamos e nunca se ressentiu com o fato de algumas vezes nos atrasarmos um pouco.

Um dia, quando pagava algumas contas, notei que uma das faturas era referente a uma medida de água de flor de laranjeira. Interessante! Água de flor de laranjeira era utilizada por donas de casa principalmente como aditivo para cobertura de bolos, e, como se usava apenas uma pequena quantidade de cada vez, uma medida daquelas duraria vários anos. Vagamente me lembrei de ter visto uma velha garrafa que ainda continha uma quantidade considerável, e assim concluí que devia ter havido uma súbita e inexplicável utilização de água de flor de laranjeira. Paguei a conta e não pensei mais no assunto. Quando, no entanto, uma fatura semelhante chegou na semana seguinte concluí naturalmente que havia um erro dos fornecedores e me certifiquei com eles, apenas para me assegurar de que não havia erro. Pensei comigo mesma: pobre velho rapaz, provavelmente ficando desmemoriado. Deve ter feito a mesma encomenda duas vezes. Nenhum problema, vou deixar passar.

Naquele dia Doris e eu fechamos a loja como de hábito e saímos para o almoço, mas ao chegar ao restaurante descobrimos que, devido a uma morte súbita na família, estava fechado. Desapontadas, fizemos meia volta e planejamos comer rapidamente alguma coisa na própria loja. Doris destrancou a porta e anunciou nossa chegada: – Voltamos. Somos nós. – Ela não queria que o velho amigo se preocupasse com o barulho de uma pessoa entrando inesperadamente. Não houve resposta e imaginamos que estivesse do lado de fora, nos fundos. Passando pelo caixa em meu caminho para o segundo andar, onde morávamos, ouvi um som que indiscutivelmente era um ronco. Parecia vir de algum lugar atrás do balcão do caixa. Fiz uma pequena volta e no chão, alegremente abraçado a uma medida quase vazia de água de flor de laranjeira, estava o Sr. A num estupor profundo de bebida. Falei com Doris.

– Bem, estou estupefata – exclamou ela. – Eis então para onde foi a água de flor de laranjeira. Ele a tem bebido!

Ficamos ali e rimos. Embora soubéssemos do alto teor alcoólico de água de flor de laranjeira, nunca nos ocorreu usá-la para beber dessa maneira. Ficou claro que o Sr. A era um alcoólatra. Infelizmente nossa associação com ele teve de terminar, pois ele agora representava um perigo na farmácia. A propósito, água de flor de laranjeira tem um maravilhoso efeito soporífero e é de grande valor, duas gotas de cada vez, numa bebida tomada à noite, como tratamento contra insônia.

Nossos clientes logo reconheceram o amor e cuidado que ia além da simples manipulação, e aprenderam a confiar em nós. A loja começou a se tornar mais próspera. Estava claro que recomendávamos os produtos mais baratos e naturais, e se necessário os preparávamos, em lugar dos produtos artificiais ou caros retirados das prateleiras. Éramos o que infelizmente está faltando hoje, o químico à moda antiga e boticário com o qual era possível conversar e discutir os problemas que se tinha, de uma vez, a um doutor "que ouvia".

A afluência trouxe com ela o perigo da complacência. Às vezes em meditação à noite, quando o profundo se torna mais profundo, parte de mim sentia o que só posso descrever como inquietação Divina. Dentro de mim havia a certeza de que esse período de minha vida devia apenas ser usado como uma fase de aprendizado e crescimento, um tempo de reassimilação, e que de maneira nenhuma eu deveria me sentir tentada pelo ganho material e a segurança obtida por minha recente afluência. Essa situação parece ser um modelo que teceu seu caminho ao longo de minha vida.

Enquanto ainda trabalhava na farmácia eu me envolvi com o mundo médico da quiropodia que era na verdade um prosseguimento de tudo que eu havia experimentado. Os instrumentos que eu usava não eram mais que uma extensão de mim mesma, uma forma de dar carinho, amor e de me conectar com meus pacientes. Deixei a relativa segurança da loja de químico e iniciei meu primeiro treinamento.

A prática aumentou. Como sempre, junto com o sucesso veio o Sinal Divino. Em meados da década de 1950 eu vivia na agradável cidadezinha de Great Missenden, em Buckinghamshire. Mais uma vez eu me lançava na luta de um jovem aprendiz sem meios de se estabelecer, um tempo de comprovar minha fé.

6. Kings Ramson

A maneira como Tiddington, um pequeno chalé de dois andares, veio parar em minhas mãos, em 1960, quando eu era ainda uma dedicada profissional iniciante em Great Missenden, foi uma espécie de milagre. A primeira vez que estive no pequeno povoado de Kings Ash foi para atender uma paciente impossibilitada de se locomover. Sua residência, o chalé Tiddington, ficava no alto de um morro, cerca de 200 metros acima do nível do mar, com uma vista panorâmica que os folhetos de turismo descreviam como o ponto mais bonito da região de Chilterns. Era totalmente cercado de fazendas que se esparramavam vale abaixo. Era uma beleza de tirar o fôlego. Eu adorava minhas visitas ao lugar e nunca saí de lá sem o desejo de retornar.

Quando, infelizmente, minha querida paciente morreu, ouvi um rumor, e os rumores se espalham com facilidade em qualquer cidade do interior, que o chalé estava à venda. Minhas finanças naquele momento não estavam especialmente boas – eu me esforçava para reequilibrar meu orçamento após uma temporada no hospital, com diabetes. O velho ditado "quem não trabalha não come" se aplicava perfeitamente a mim naquele momento. Mesmo assim, senti que devia procurar me informar sobre Tiddington, pois sua encantadora beleza me perseguia. Viver num lugar como aquele sempre foi meu sonho.

Interrompi o atendimento da manhã, pois alguém me disse que a venda do chalé não passaria pelo canal habitual de agentes imobiliários, mas que um advogado em Berkhamsted estava cuidando do negócio. Além disso, ouvi a informação de que vários fazendeiros proprietários de terras vizinhas ao chalé haviam feito ofertas bastante generosas pela propriedade, pois desejavam incorporá-la a suas terras. Meu coração naufragou. Ainda assim, liguei para o telefone de Berkhamsted.

Educadamente o advogado perguntou: – Qual é o preço máximo que você se dispõe a pagar?

Respondi que meu limite máximo teria que ser 800 libras esterlinas.

– Uma certa pessoa já ofereceu bem mais que 1.500 libras – disse o advogado. Aquela era uma quantia que, mesmo que eu vendesse todos os meus pertences e bens móveis acumulados ao longo dos anos, jamais poderia levantar.

– Mas eu poderia anotar seu nome? – concluiu o advogado. Disse a ele quem eu era e como ouvira falar sobre a venda. Fiz um breve resumo de minha situação profissional e abandonei as esperanças.

Naquela noite, para me consolar, peguei minha Bíblia e li a primeira página que abri. Essas palavras saltaram diante de meus olhos: "Todo lugar em que a sola de vossos pés pisar será vosso." (Deuteronômio 11,24)

Entrei em meu automóvel e saí. Já passava muito da meia-noite quando, tendo apenas a lua como companheira de viagem, cheguei até Tiddington. Enquanto estacionava na borda do gramado, olhei para o vale abaixo, banhado pela luz do luar. A quietude era absoluta e o ar era de expectativa. Comecei a caminhar na periferia do terreno. Estou certa de que qualquer pessoa que visse me consideraria completamente louca. Caminhava ao redor com segurança, como sobre as muralhas de Jericó, e completei três voltas. Ao deixar o lugar, contemplei fixamente a face da lua e poderia jurar que ela estava sorrindo.

Naquela noite dormi bem. Em meus sonhos, vi as flores que desabrochavam em torno de meus pés enquanto eu caminhava (pois a terra se tornara estéril) e todas as criaturas vivas que dançavam, me dando as boas-vindas. Foi uma noite mágica que passei entre elfos, fadas e flores, cercada pelo reino animal. Minha alma cantava.

Veio o dia seguinte, e foi como se a noite anterior nunca tivesse existido. No meio da manhã o telefone tocou. Algum paciente que desejava marcar uma consulta? Eu não queria interromper meu trabalho. Minha fiel amiga e faxineira, Phyllis, que estivera a meu lado por muitos anos, atendeu.

– Alguém de Berkhamsted perguntando por você – disse ela. Corri para o telefone.

– Srta. Wall? Sua oferta de 800 libras ainda está de pé?

Meu coração deu um salto. – Sim – eu disse, e me perguntei o que viria depois.

– Bem, – continuou o advogado – aconteceu uma coisa estranha. Já podemos informar que a atual proprietária do chalé é a irmã da falecida. – Ele prosseguiu e explicou que a herdeira sentia que seria errado, em princípio, ter um lucro exagerado com a venda e, ao reconhecer meu nome e lembrar-se de que eu atendera sua irmã, gostou da idéia de me vender o chalé pelo preço sugerido!

– Você poderia passar aqui ainda hoje e trazer um depósito? – perguntou o procurador.

Criei asas e voei. Não tenho lembrança do caminho até lá ou da volta. Oh, obrigada, Deus – pensei – obrigada, obrigada.

Naquela noite fiz meu agradecimento de pé nas margens do terreno de minha futura casa. Dessa vez dancei e ri e cantei, e a alegria se espalhou entre as silenciosas testemunhas que me cercavam.

Um ano depois, eu me esforçava duramente para juntar a vultosa quantia de 200 libras, preço que me havia sido dado por um construtor local para restaurar o então arruinado chalé, de modo a deixá-lo habitável. Os campos e a beleza ao redor não haviam mudado e muitas foram as horas gastas simplesmente a olhar, a me deter e a caminhar, a me sentir parte integrante do lindo panorama que se estendia até perder-se de vista.

Minha clientela em Missenden crescia. Enquanto trabalhava, eu sonhava com o pequeno chalé a me esperar. Quando o dia na clínica terminava, o fim de tarde sempre me encontrava a plantar e a conversar com minhas ervas e com as criaturas selvagens dos campos. Phyllis, que já mencionei, meu esteio, plantara bulbos de todos os tipos, de tal maneira que o jardim começava a parecer uma Holanda em miniatura. Mesmo a menor poça d'água fora tratada, além de uma pequena ponte que atravessava o terreno e pela qual somente doidos se atreveriam a passar, pois sua estabilidade era duvidosa.

Certo dia, quando passeava pela casa abandonada, encontrei duas cartas, ambas enviadas pela administração do povoado. Por meio dos construtores, eu pedira autorização para fazer uma pequena reforma na casa que consistia em transformar a meia-água do antigo abrigo numa garagem e outros acréscimos menores. Será que tinham concedido permissão? Abri ansiosamente a primeira carta; a segunda, pensei, provavelmente falava sobre custos. A permissão havia sido concedida, meu sonho estava prestes a se realizar. Eu acabara de atingir minha meta – as 200 libras necessárias à reforma descansavam confortavelmente no banco, e meu primeiro telefonema ao retornar para casa em Missenden foi para o construtor.

Meu olhar se deteve então na segunda carta. Que contas haveria para pagar? Melhor seria abrir e descobrir. Não acreditei no que vi. Bem no alto da página li as seguintes palavras: "Ordem de Demolição". Virei rapidamente o envelope para me certificar do destinatário – não podia estar endereçada a mim. Mas estava. O chalé Tiddington e meu nome estavam bem legíveis. Era uma loucura, ou eu estava louca! Na mesma entrega do correio, enviadas pela mesma administração local, chegaram tanto a aprovação do plano de construção quanto uma ordem de demolição!

As rodas do automóvel mal tocaram a estrada, tamanha era a velocidade com que me dirigi de volta a Missenden. Por telefone, a administração local confirmou a inacreditável informação. A ordem de demolição aparentemente existia desde 25 anos antes da compra do chalé, e o conselho municipal agora decidira fazer uma estrada que atravessava o terreno.

Freneticamente, tentei fazer contato com um velho e conceituado advogado que eu sabia estar bem informado sobre as normas do conselho. Como ele não se encontrava, marquei uma hora com um novo e qualificado advogado, seu colega de profissão.

As notícias que me deu não eram boas. O rosto jovem e atencioso a minha frente demonstrava um misto de compaixão e desapontamento. Era um jovem bem apessoado, e o brilho de sua sinceridade irradiava.

– É impossível lutar contra o conselho – disse ele, como outros já haviam dito. – Se há uma ordem de demolição, eles têm todo o direito de executá-la.

Meu coração naufragou. Eu tinha que aceitar a realidade mas todo o meu ser se rebelava contra aquilo. Desviei o olhar e desejei que ele não tivesse notado as lágrimas em meus olhos. A aparência impoluta de seu diploma recém-dependurado na parede saltava aos olhos. Se eu pudesse rir naquele momento, certamente teria rido, pois me fez lembrar de certo dia em que meu diploma recentemente adquirido havia sido motivo de embaraço. Meus olhos deslizaram pelo certificado, até parar no nome do diplomado: "Godbehere", que em inglês quer dizer "Deus esteja aqui". Respirei fundo então. É um sinal! Se Deus está aqui, por que deixei que minha fé se abalasse? Meu espírito se elevou. Deixei o escritório depois de expressar meus mais profundos agradecimentos.

Minha vida foi sempre uma prece silenciosa, em constante comunicação, através da fé mais absoluta, com a Consciência Maior. Seja como for que isso seja entendido ou interpretado pelos outros, como aquele que me perguntou certa vez, entre risos, se eu tinha uma "linha direta" com Deus, essa é a fé por meio da qual eu trabalho e na qual tenho encontrado apoio. É o único caminho que conheço. Eu não sei exatamente definir isso que tenho mas acho que acabará por se tornar aparente o fato de que é verdadeiro e traz resultados. – Você é clarividente? Você é isso? Você é aquilo? – As constantes e persistentes perguntas não me abalam interiormente. Não questiono o fato de ser a sétima filha de um sétimo filho, nascido de um homem que viveu da mesma maneira, mas apenas aceito. Se eu fosse questionar cada cura ou presságio que ocorreu por pura fé, eu nunca teria encontrado tempo suficiente para realizar o verdadeiro trabalho que me foi designado.

A noite é longa, mas estou longe de conseguir dormir. Minha mente recobre meu espírito, ouço o eco das vozes que dizem: "É impossível." Quantos conhecem esse sentimento – a alma que deseja, e a mente que interfere com sua fria racionalidade!

Três horas, o horário de Samuel no templo. De repente, tenho uma visão. Algo cor de prata rodopia diante de mim e também há cores que cintilam. É um sabre. Brilhantes jóias multicoloridas cintilam no punho da espada, que faz movimentos circulares, iluminada como se um holofote estivesse sobre ela. Um sabre, eu acho. Qual era o significado daquilo?

Livro-me desse pensamento, retorno à terra, e a dor em meu coração não arrefeceu. Na segunda noite, a mesma coisa acontece – a semelhança entre essa ocasião e tempos mais tarde, a época em que os óleos balanceados nasceram, se registram como um padrão que ocorre repetidamente ao longo de minha vida. Na terceira noite, outra vez o sabre, e novamente ouço o som de sua lâmina que corta o ar. Deus decerto me acha muito obtusa, pois parece ter soletrado a mensagem algumas vezes. O sabre volteia, há um som diferente e de repente a mensagem é alta e clara: "Faça soar o sabre", expressão que quer dizer "Lute".

Os pés de volta à terra, intrigada pela estranha injunção, minha mente começa a tentar decifrar a mensagem. Que sabre? Não tenho sequer onde cair morta, quanto mais um sabre para fazer soar. Ri silenciosamente. Talvez se refira a mim, fazer soar meu cérebro, fazê-lo trabalhar. Fiquei procurando o real significado da ordem de fazer soar o sabre.

Durante a manhã, na clínica, repetidamente me ocorreu a cifra de seis xelins e seis pence, martelando em meu cérebro como num teclado Divino. Não tinha um significado imediato, nada que fosse tangível, mas eu sabia que estava recebendo um "Sinal Divino". Essa era uma lição que eu já aprendera há tempos.

Anoiteceu e, desanimada, apanhei toda a correspondência sobre Tiddington. Um pedaço de papel se separou dos outros e caiu no chão. Era a cópia do mandado oficial de pesquisa, feito em meu nome pelo advogado de Berkhamsted que cuidara da venda. O preço desse serviço era a taxa oficial – seis xelins e seis pence. Meu coração se contraiu. Meus olhos devoraram o papel. Essas palavras queimaram em meu cérebro: "NÃO HÁ PROJETO OU PLANO EM ANDAMENTO." E estava assinada por uma autoridade do conselho. Ouvi claramente dentro de minha cabeça o ruído do sabre.

Marquei outra entrevista com o Sr. Godbehere e juntos examinamos o documento. Os olhos do outro lado da escrivaninha me olharam com seriedade.

– Deveríamos fazer soar o sabre? Deveríamos lutar? – perguntei. – Certamente se tratava de um erro oficial que me colocou em situação difícil. É uma informação falsa que poderia me deixar sem casa. Já vendi tudo que tenho num esforço para comprar a propriedade e me preparei para entregar os imóveis onde atualmente trabalho e moro.

– Vamos tentar – disse ele, com um sorriso inesperado.

Procurei conselheiros locais e a associação de moradores, e não descansei até chegar o dia – contra todas as vicissitudes – em que pela quantia de seis xelins e seis pence Tiddington estava salvo. Tiddington foi mais tarde rebatizado Kings Ransom, que quer dizer resgate do rei, pois era exatamente disso que se tratava.

Algum tempo depois, em junho de 1964, conheci Margaret Cockbain, que se estabelecera em Amersham como ortopedista, e imediatamente nos entendemos e admiramos a qualidade do trabalho uma da outra. Em 1970 tínhamos decidido juntar nossas clínicas em Amersham e viver juntas em Kings Ransom.

Todas as manhãs Margaret e eu consagrávamos nossa clínica antes de começarmos a trabalhar; a atmosfera era de total paz e harmonia. Havia uma conexão entre nós e os pacientes, e total confiança. Com orgulho me lembro de que éramos procuradas para tratar de pessoas de três gerações e de todas as classes sociais, e todos igualmente recebiam nosso amor e nossos bons cuidados.

A clínica cresceu com o passar dos anos. A Margaret juntaram-se três outros ortopedistas e acrescentei três quiropodistas a minha equipe. Éramos muito cuidadosas na seleção dos profissionais, de tal maneira que a qualidade do serviço da clínica permanecesse sempre constante. Tanto Margaret quanto eu centrávamos nossas vidas na clínica, e as horas de lazer eram poucas.

À medida que as finanças melhoraram, tornou-se possível ampliar e melhorar Kings Ransom. Devido à beleza das redondezas, Margaret e eu nos permitimos instalar imensas janelas panorâmicas onde possível. Dessas janelas, no início da manhã, podia-se observar as nuvens e a neblina se elevando, como cavalos no céu. Disseram-nos que, à noite, vista do vale, quando estava iluminada, a casa parecia um farol ou uma torre de vidro. Era um palácio de conto de fadas situado numa paisagem perfeita. Kings Ransom era verdadeiramente o único nome que lhe poderia ter sido dado, pois o lugar estava acima de qualquer preço.

As poucas e preciosas horas de lazer da noite me encontravam de pé no jardim, aspirando o perfume das ervas aromáticas e as doces essências de flores a meu redor, flores e ervas que eu havia plantado e que se tornaram as essências e extratos que passei a usar em todos os meus cremes e loções curativas.

Lentamente eu fazia o caminho até um trecho sem cerca e passava para o outro lado, de campos cultivados. Ficava ali bem quieta de modo a não perturbar as pequenas criaturas que estavam às voltas com suas muitas tarefas. Em algum lugar ao longo da cerca vivia um faisão que fazia ruídos de impaciência, procurando e chamando sua parceira que demorava para chegar em casa. Sem dúvida ele se preocupava com a raposa que estava sempre alerta para a presa fácil. Os pássaros, diligentemente se preparando para a noite, tagarelavam agradavelmente ou, em alguns casos, desagradavelmente, enquanto acomodavam suas famílias. De pé e em silêncio, às vezes se podia ver por um instante um coelho saltar antes de desaparecer no milharal, ou um pequeno cervo selvagem, de que havia muitos na região, correndo na área de vegetação rasteira.

De repente eu retornava até o tempo em que, ainda criança, agarrada à mão de meu pai, eu vagava entre as flores, as ervas e a vida selvagem que ele tanto amava. Em algum lugar lá no fundo de mim eu sabia que ainda havia algo a ser feito.

7. Tempo de parar e contemplar

O que é essa vida se, cheios de cuidados,
Não temos tempo para parar e olhar?
William Henry Davies

No fim de 1973 recebi outro Sinal Divino. Enquanto estava de férias em Maiorca, uma ilha que comprovou ser de mau agouro para mim em mais de uma ocasião, tive um grave problema coronário que consumiu grande parte das funções de meu coração. Estive bem próxima da morte. Margaret velou pacientemente no hospital por dois ou três dias enquanto eu lutava por minha vida. Gradualmente meu estado melhorou e fui transportada para minha Inglaterra a fim de continuar o tratamento num hospital local.

Ao chegar em casa, fui carregada para meu quarto no segundo andar e me disseram que em hipótese alguma eu deveria chegar até a escada por pelo menos três ou quatro meses. Desconsolada e fraca, resignei-me e aceitei a vida presa numa cama. Uma voz interior me disse que eu estaria recuperada quando os narcisos florescessem, e pus toda a minha fé nisso.

Meu quarto tinha uma imensa janela panorâmica, praticamente da largura do quarto, que dava para as campinas verdes e os ondulantes campos de milho que se estendiam até muito longe sobre a colcha de retalhos dos campos cultivados. A primeira lavoura estava a poucos metros da casa e fazia divisa com nosso jardim. A fronteira era demarcada por uma cerca de arame quase invisível, o que dava a ilusão de que o campo e o jardim eram uma coisa só.

Deitada na cama, tive tempo para refletir e observar. Durante minha atribulada vida na clínica, essa paz e essa solidão eram coisas que eu desejara. Agora eu as tinha conseguido, embora não da forma que eu desejara. Ainda não eram permitidas visitas. Margaret transferiu seus pacientes da clínica e passou a atendê-los em casa, pois não podia me deixar sozinha por muito tempo. Exceto pelas visitas regulares de Margaret, para ver se eu me sentia bem, eu estava totalmente isolada. Tinha todo o tempo do mundo. Assim, era um grande acontecimento quando a carroça da fazenda rolava estrada abaixo, ou quando o trator passava ruidosamente sob minha janela em seu caminho para casa após um dia atribulado no campo!

Os narcisos afinal floresceram. Eles anunciaram os dias mornos da primavera com suas alegres trombetas amarelas e eu então iniciei minha lenta e tediosa batalha de volta à vida ativa.

Haviam me recomendado que caminhasse, e gradualmente aumentasse minhas caminhadas até chegar a cinco quilômetros diários, para recuperar as forças dos músculos do coração que não haviam sido afetados. Na primeira semana, em triunfo, caminhei estrada acima até a primeira árvore, não mais que cem metros. Eu tinha pouco controle sobre minhas pernas; meus joelhos tendiam a se dobrar sem aviso prévio. Chegar até a árvore foi um tremendo alívio. Descansei por um tempo, meu corpo sustentado pelo largo tronco da árvore – meu primeiro "abraço numa árvore" em meses. Só depois me virei para enfrentar o árduo retorno. Gradualmente fiz progressos, de árvore em árvore, às vezes me forçando, pois o corpo ainda não se acostumara às perdas. Algumas vezes, e sempre com um esforço hercúleo, de "sangue, suor e lágrimas", que conheci muitas vezes ao longo da vida, afinal atingi minha meta: o percurso de cinco quilômetros.

Embora a estrada fosse acidentada e sem calçamento, após passar uma casa de fazenda isolada e dois pequenos chalés, era uma bela caminhada. As vacas me acompanhavam com seus suaves olhos castanhos brilhantes. Eu lhes falava com gentileza, e dei nome a cada uma delas. Ocasionalmente, uma delas seguia meus passos como uma sombra ao longo de todo o campo. Faisões calmamente cruzavam meu caminho com toda a confiança do mundo, pois sua hora ainda não chegara. Aqui e ali uma lebre cruzava rapidamente o campo cultivado. Eu agora estava do lado de fora e sentia prazer de estar perto das coisas que via quando estava do lado de dentro.

***

O Sinal Divino fora um aviso. Mas com que freqüência eu precisava ser avisada? Eu fora instruída de que havia outro trabalho a ser realizado por mim, que eu deveria me mover numa nova direção. Seis meses já tinham se passado desde meu ataque do coração, e pela primeira vez em minha vida eu estava ignorando os conselhos divinos. Eu me recusava a avançar. Talvez devido ao fato de estar me aproximando da idade de me aposentar, e tendo tido tantos reveses, eu dificilmente conseguia antecipar outro movimento. Minha mente já estava pensando no retorno à clínica, que a essa altura já se firmara como instituição, e era procurada por pessoas cujos avós haviam sido nossos pacientes. Eu os amava a todos. Mesmo sem considerar as razões financeiras, me sentia muito tentada a retornar ao trabalho.

Finalmente me senti pronta para reassumir meu trabalho, embora ainda estivesse um pouco fraca, pois os problemas cardíacos somados ao diabetes haviam consumido consideravelmente minhas forças. Fora uma difícil batalha retornar, mas eu me recusei a abandonar a clínica.

Num domingo de manhã eu estava sentada na cozinha e terminava de beber minha xícara de chá para então sair para caminhar. Preguiçosamente observava Margaret, que cortava uma grande cebola na tábua sobre a mesa. Ela usava um daqueles cortadores mecânicos que se bate no topo para cortar a cebola na parte de baixo. Os golpes agudos, metálicos, como tiros de pistola, pareciam estilhaçar meus ouvidos, e uma dor insuportável atravessou minha cabeça e meus olhos. Cobri a cabeça com as mãos.

– Pare de bater. Por favor! – gritei. Mas Margaret, ensurdecida pelo barulho, não me ouviu e continuou com grande vontade. Durou apenas alguns segundos, mas para mim foi uma eternidade. Quando as batidas cessaram, tirei minhas mãos do rosto. Ao abrir os olhos e tentar enxergar novamente, apareceu uma imensa borboleta vermelha diante de meu olho esquerdo. Pisquei na tentativa de fazê-la desaparecer, mas ela não sumia. Parecia crescer cada vez mais. Fiquei alarmada. Margaret, temendo um descolamento de retina, rapidamente telefonou para o médico. Ele nos disse para ir imediatamente para o posto médico. Após ser examinada, me levaram diretamente para o hospital com uma carta.

Não era um descolamento de retina, mas uma grande hemorragia interna que bloqueara completamente a visão daquele olho.

– O único tratamento é o tempo – disse o médico. A hemorragia acabou por melhorar um pouco depois de algum tempo, mas a visão daquele olho nunca foi recuperada.

Deixei o hospital perturbada. Talvez devido a meu estado de fraqueza, ou talvez porque a vida sempre me apresentava esse padrão de luta árdua, sentia-me totalmente destruída. Quando eu parecia ter triunfado sobre as dificuldades, no auge de minha recuperação, fui jogada de volta ao nada. Parecia muito cruel, mais do que eu podia suportar. Caminhei para longe de Margaret à medida que nos aproximávamos do chalé. A chuva começara a cair e se misturava com minhas lágrimas à medida que eu caminhava e caminhava e caminhava, às cegas, sem me importar para onde. Margaret compreendeu minha agonia e me deixou só por um tempo, e então passou a me seguir com o carro. Foi um momento de luta comigo mesma, e pela primeira vez na vida me senti com vontade de desistir da batalha.

Mais tarde, porém, eu soube que esse episódio tinha uma razão de ser, pois servira pra me dar tempo – tempo para arrumar meus negócios e me acostumar ao fato de que, com visão parcial, não poderia continuar na clínica por muito mais tempo.

Comprei uma imensa lente de aumento, no estilo americano, e com o auxílio dela continuei trabalhando. Eu trabalhara muito com as sensações e com o conhecimento interno mesmo quando tinha visão perfeita. Meus dedos tinham sempre sido meus olhos, e assim eu tinha uma vantagem. Deus fora bondoso.

Agora, com a advertência do médico ainda soando em meus ouvidos – de que meu outro olho poderia deteriorar-se – iniciei meu treinamento “de cego”. Deliberadamente fechava o olho direito enquanto executava várias tarefas cotidianas, deliberadamente caminhava pequenas distâncias com ambos os olhos bem fechados. Assim aprendi a confiar cada vez mais na clarividência não apenas através de minhas mãos, mas através de meu interior.

Eu estava me preparando, e sendo preparada, embora não entendesse ainda o porquê, para uma futura necessidade. Eu me ensinava a conhecer meu próprio espaço.

Somente dez anos mais tarde soubemos por meio de outro médico que há uma fragilidade remanescente nos vasos sanguíneos durante algum tempo após um problema cardíaco, e que o barulho excessivo poderia provocar o que aconteceu, especialmente se já existe uma fraqueza. Menciono esse fato para que outros possam estar alerta com relação a ele, e agir de acordo quando for o caso.

Entretanto, fui devidamente compensada pelo que se seguiu. Uma mudança começou a ocorrer dentro de mim. Com a redução da visão física, fui invadida por uma nova dimensão na percepção áurica (ou seja, a capacidade de ver auras), quase dolorosa. Começou a se impor sobre todas as minhas outras faculdades, ao mesmo tempo que meus sentidos internos pareciam se tornar mais agudos.

Embora desde minha infância eu tivesse a capacidade de ver auras, o que é um dom de minha linhagem, eu ainda não entendera totalmente o que isso significava. Na verdade, desde o incidente da infância, aos oito anos, quando fui objeto de riso de minhas colegas de escola, esse era um segredo que não compartilhei com ninguém. A visão de uma aura podia ocorrer sem aviso prévio, a qualquer momento, talvez no meio de uma conversa. Eu sempre procurava esquecê-la rapidamente, temerosa. Mas esse dom me havia sido útil em algumas ocasiões, me dando discernimento em situações em que podia ter sido enganada.

Agora, invadida como estava por esse dom, não havia preconceito no contato humano que pudesse obscurecer minha percepção. As palavras, o jeito de se vestir, a aparência, nada disso tinha importância; nada desviava minha percepção da verdadeira pessoa interior. Quando se vê a aura, o milionário está no mesmo nível do varredor de ruas, pois ambos são despidos de todas as representações exteriores. Os padrões terrenos desapareceram de meu vocabulário. Antes, as pessoas eram para mim "que nem árvores andando", mas agora eu podia ver "todos os homens claramente." (Marcos 8:24-25).

Olhar as pessoas e conversar com elas era agora uma experiência muito diferente. Eu estava plenamente ciente de suas emoções, seus pensamentos. Eu reconhecia o homem sem a malícia, a dissimulação que pode haver nos olhos de um trapaceiro. Comecei a conhecer seus pensamentos silenciosos, e suas necessidades sempre se revelavam a meus olhos. Ao conversar distraidamente, eu de repente me encontrava enxergando seu passado desde o início dos tempos, seus trajes de então, quem e o que eram. Era uma visão instantânea, como o brilho fátuo da chama de uma vela. Às vezes enxergava uma cena inteira, e isso podia ser muito perturbador. Uma conversa mais profunda com uma pessoa às vezes me revelava que seu problema atual tinha raízes no passado, do qual eu já vira uma cena. Assim, o velho escriba que eu via nas profundezas do tempo podia perfeitamente estar ligado ao atual amante das palavras que, embora nesse momento parecesse quase inarticulado, ainda viria a expressar seus pensamentos por meio do poder da palavra escrita.

Isto acima de tudo: seja fiel a si mesmo.
Shakespeare: Hamlet

8. O caminho para Damasco

Era o início de 1979. O pequeno porto de Andraitx, em Maiorca, nunca me pareceu tão bonito como naquele momento, com o sol que brilhava obliquamente sobre as águas e irrompia numa infinidade de cores.

Com cuidado, abri passagem entre as redes estendidas por todo o embarcadouro, entre pescadores de rostos morenos e sorridentes sentados com as pernas cruzadas a consertar suas redes de pesca. Um deles estava ocupado a descascar batatas que jogava numa bacia, presumivelmente para o almoço. Eles já me conheciam bem, e eu a eles pois Margaret e eu estávamos ali numa temporada de trinta dias e durante minhas caminhadas diárias de três milhas ao longo da calçada da orla seus olhares haviam evoluído da expressão de curiosidade natural à de aceitação amigável. Eu já andara uma boa distância quando, em silêncio, Margaret me alcançou e passou a caminhar a meu lado. Era uma rotina que seguíamos. Margaret primeiro fazia as compras e sempre me acompanhava no último trecho da caminhada de volta. Logo que se aproximou, ela tocou meu braço e apontou. Bem diante de nós surgira de repente uma espiral de pequeninos corpos prateados. Eles saltavam alto no ar, filhotes perseguidos por um peixe maior. Por um momento espetacular parecia que uma mão havia se erguido num cumprimento ou aceno de adeus. Rimos as duas, encantadas, de pé em frente à balaustrada, e no momento seguinte eles já tinham desaparecido. Continuamos nosso caminho sem pressa. Aproximamo-nos da água tanto quanto nossa coragem permitia, observamos a faina dos pescadores em seus barcos. Cada momento era muito precioso pois daí a apenas dois dias estaríamos voltando para casa.

De repente me detive e fiquei paralisada. Levei depressa as mãos aos olhos – era como se, ao dirigir numa estrada, passasse um caminhão e jogasse lama no pára-brisa, obscurecendo a visão. Margaret se voltou para mim, alarmada.

– Não consigo enxergar – eu disse, controlando minha voz.

– Algo com seu olho – disse Margaret.

Não disse nada. Num minuto passa, pensei. Em meus olhos, teias escuras se moviam de um lado para outro. Tomei o braço de Margaret, num gesto incomum, pois eu sempre preferia caminhar com os braços livres para se movimentarem. Éramos muito ligadas e pude sentir que Margaret estava intrigada.

– Não consigo ver – repeti. – Não consigo ver.

Aturdidas e em silêncio retornamos a nosso apartamento, dessa vez evitando passar perto dos pescadores com suas redes, pois agora elas representavam perigo. Foi a última vez que vi Andraitx.

Decidimos que não fazia sentido apressar nossa volta para casa já que tínhamos reservas para daí a apenas dois dias. Acho que, secretamente, acreditávamos que o problema se resolveria naturalmente. Não foi o que aconteceu. Após algum tempo, houve uma ligeira melhora, e ainda tinha um certo grau de visão periférica. Mesmo assim, esse quadro representava o afastamento da clínica e de meu trabalho como quiropodista.

Deus batera a porta atrás de mim.

9. Gold Hill

Com meu problema de visão somado a outras complicações de saúde, logo ficou claro que Margaret e eu não podíamos continuar em Kings Ramson. Eu já não podia dirigir e era difícil conseguir socorro em caso de emergência. Após relutar, finalmente nos decidimos por uma aposentadoria forçada, e começamos a procurar uma casa conveniente, pequena o suficiente para que pudéssemos cuidar dela sozinhas, e localizada num ponto de fácil acesso ao comércio e às pessoas. Meu presente de Deus, Kings Ramson, agora ia passar para outras mãos. Escolhemos com cuidado; não era absolutamente uma questão de quem pagasse mais. Ao contrário, vendemos a casa a um paciente que sabíamos ser centrado em Deus e que adorava o lugar.

Gostávamos de Buckinghamshire e não tínhamos a intenção de nos afastar muito de sua área urbana. Por coincidência, Phyllis, minha fiel amiga que fora minha faxineira durante trinta anos, estava em vias de se aposentar de sua pequena loja em Chalfont St. Peter, no ponto mais alto de Gold Hill. O apartamento no segundo andar da loja era espaçoso e tinha uma vista para os campos. A vasta extensão de verde lembrava as fazendas que divisávamos de Kings Ramson. O apartamento estivera vazio por algum tempo e precisava de reparos. A reforma exigiria um investimento considerável, mas havia ali uma adorável atmosfera de paz e recolhimento. Achamos que se adequava a nossas necessidades. O único verdadeiro obstáculo, as escadas, poderia ser superado com a instalação de uma cadeira-elevador. Phyllis estava encantada. Íamos ficar juntas novamente.

Planejamos tudo com cuidado. No quarto, foi colocada uma porta que levava para uma laje de cobertura, onde projetamos um terraço. Nesse lugar eu me deitaria na cama com a porta aberta no verão e me imaginaria de novo no jardim que eu tanto amara.

Margaret se apressou em preparar e plantar um jardim. Ervilhas-de-cheiro, madressilvas, clematites, glicínias – todas as plantas foram acomodadas em seus lugares no pequeno jardim do terraço. Logo haveria um esplendor de cores e uma vista valiosa.

Preparamo-nos para uma aposentadoria tranqüila, e decidimos pedir a um amigo para investir nosso capital, todas as economias de nossas vidas. Segundo nossas previsões, podíamos viver com os juros, pois nossas necessidades não seriam muito grandes.

Fazíamos nossa meditação matinal no pátio, um local ensolarado onde a alma e o espírito facilmente conseguiam alçar vôo. Continuei com as caminhadas de sempre, não mais em estradas de terra, mas em calçadas pavimentadas cercadas de bosques. Essas caminhadas eram também meu "passeio espiritual", um meio de atingir a Alta Consciência. Uma bela avenida de árvores era parte da caminhada. Eu as abençoava à medida que passava, e por elas era abençoada.

Cada dia agora cumpria uma rotina de recolhimento e o tempo era preenchido com as atividades costumeiras. Veio então o Divino descontentamento. As restrições físicas não se comparavam com o intenso e imenso desejo por um conhecimento mais profundo do espírito. Nessa época, ouvimos falar de um grupo de pessoas espiritualizadas que se reuniam com regularidade num sítio nas proximidades. Eles aceitavam pessoas de todas as religiões. Decidimos ir até lá para conhecê-los.

As auras das pessoas do grupo variavam, mas de maneira adorável. Uma aura em especial, com sua bela espiral de alma, me fez prender a respiração – Laura. Ela estava de pé na porta e sorria. Foi um reconhecimento imediato, pois há muito tempo já nos conhecíamos no circuito eterno, e nossas almas deram dois passos à frente para se cumprimentar. Margaret e eu decidimos que seria bom juntarmo-nos a eles.

O sítio alugado pela comunidade situava-se na bela área rural. Como a maioria dos centros, estava eternamente em falta de recursos financeiros para se manter. Desejosa de contribuir de alguma forma, me ofereci para fornecer alguns dos cremes e loções que fabricara por mais de quarenta anos, para uso em nossa clínica. Para mim agora era difícil lidar com os cremes sozinha e assim pedi ao grupo que me fornecesse um ajudante. Houve um longo silêncio. Observei as auras, em vários graus, que vibravam.

Gentilmente, Laura perguntou: – Por que você precisa de um ajudante?

– Para encher os frascos – respondi, trivialmente.

– Oh! – disse Laura, e caiu na gargalhada. Ela então explicou, entre gargalhadas gerais, que para o Subud um "ajudante" significava um membro experiente escolhido por sua habilidade para orientar outros quando em dificuldades. Sempre generosa, Laura disse: – Vou ajudá-la, Vicky. – E assim tudo começou.

O creme sempre fora feito na cor branca para uso clínico. – Poderíamos fazê-los coloridos, para distingui-los dos que eram usados na clínica? – perguntou Laura.

– De qualquer cor que você quiser – respondi. – Farei de várias cores para você escolher entre elas.

Diverti-me imensamente, e logo me vi alegremente envolvida pelas cores. Sete apareceram em minhas mãos e orgulhosa de minha obra eu as dispus em arco para apreciá-las.

– É um arco-íris perfeito – disse Laura. – Poderíamos fazer cremes de todas essas cores?

Assim começaram os cremes e loções de cores. Fizemos a primeira dúzia ou mais, e elas foram rapidamente adquiridas pelos freqüentadores do sítio. Laura sugeriu então que começássemos um pequeno empreendimento. Essa idéia fora reforçada pelo líder do Subud, Bapak, que estimulava a iniciativa e o espírito empreendedor entre os membros.

Inesperadamente Laura recebeu uma oferta para participar com um estande no Congresso Mundial de Subud, em Windsor, programado para agosto de 1983, quando

Bapak pretendia inaugurar um espetacular complexo. O congresso ia durar duas semanas, e pelo menos dois mil membros viriam de todo o mundo. Tratava-se de uma grande distância dos poucos frascos distribuídos a partir do sítio, pois agora falávamos de preparar vários milhares de frascos.

Lincoln Fraser, marido de Laura, que todos chamávamos de Mick, resolveu juntar-se a nós. Os quatro do grupo decidiram que a iniciativa se chamaria Lincoln Fraser Products. Embora eu soubesse que representava uma grande quantidade de trabalho, aceitei o desafio prontamente. A oportunidade de mais uma vez usar meu conhecimento ancestral e instintivo na manipulação de cremes, loções, ervas e essências era algo que eu não poderia desconsiderar. Lembrei-me do dia na velha farmácia quando os cremes que acabaram por se mostrar tão úteis foram originalmente concebidos. Fiquei empolgada. A aposentadoria sem alguma atividade era absolutamente impossível, e a cegueira não seria um impedimento. Aquilo que repousava nas profundezas de meu ser precisava expressar-se, e eu senti que estava sendo mais uma vez empurrada de volta à corrente da vida. Mas a vastidão do plano Divino ainda não havia se revelado para mim. Eu não tinha idéia de que essa era a culminância daquilo que eu havia sido destinada e treinada para fazer desde o início dos tempos. Os "óleos balanceados", até então desconhecidos para mim, estavam prestes a nascer.

Chegou o dia da abertura do congresso. O tempo era curto e resolver tudo a tempo exigia um esforço hercúleo. Mick estava ocupado com sua carreira, Laura não estava em sua melhor forma em termos de saúde e teve de passar algum tempo no hospital, e Margaret não estava muito bem. Preparei artesanalmente todos os meus cremes e loções, pois só eu conhecia as fórmulas, e agora estávamos tencionando produzir muitos milhares de frascos. Sem minha visão, a tarefa de encher os frascos e colocar os rótulos estava acima de minha capacidade. Assim, tivemos que contar com quem quer que se dispusesse a ajudar-nos.

Apesar de todo esse caos, a Grande Autoridade decidiu que os óleos miraculosos deveriam nascer. Seu tempo tinha chegado. Lembro-me de uma citação de Omraam Mikhaël Aïvanhov, descoberta em tratados muito antigos sobre alquimia:

> *...um certo óleo contendo propriedades miraculosas que podiam não apenas curar doenças, mas dar poder, sabedoria, beleza, esse óleo é feito dos elementos mais sutis contidos nos raios de sol. Recebeu todos os tipos de nomes – Prana, Elixir da Vida Eterna, magnetismo...*
>
> *No futuro isso será parte de toda uma ciência que será estudada.*

10. A noite em que nasceram os Óleos Balanceados

De onde você vem, querido bebê?
De lugar nenhum para este lugar.
George MacDonald

No meio de uma semana de crise, com pressões imprevistas e prazos a cumprir, procurei paz e renovação em minhas meditações. Naquela noite minha meditação foi estranha – mas maravilhosa. Após ter conseguido o necessário desprendimento da terra, me vi subitamente envolvida na mais maravilhosa cascata de cores, que avançava e recuava como o fluxo e o refluxo da maré, retornando tão calmamente como fora. À medida que se aproximava de mim, com seu ritmo marcado, senti o desejo de permanecer dentro dela. Todo o meu ser estava inundado de novas energias vibrantes e de paz. Eu estava completamente inundada por uma calma que ultrapassava toda a compreensão. O terceiro olho se abrira inteiramente; eu me desprendera do mundo com seus comandos e demandas.

Ouvi então a vozinha que eu tantas vezes já escutara e obedecera anteriormente. Parecia provir do oco de uma caverna.

– Divida as águas, minha criança.

Divida as águas? Retornei à terra com um baque. Que águas? Abandonei esse pensamento que parecia uma armadilha da imaginação, e suspeitei ter ido alto demais.

Na segunda noite isso se repetiu, e a mesma ordem: – Divida as águas. – Mais uma vez, aturdida, concluí bem rapidamente da meditação. Na terceira noite comecei a me sentir como Samuel no templo, pois eu não mais podia ignorar a voz, embora a porção sensata de mim dissesse: – O que estamos achando, afinal? Eu não sou Moisés. Sou cega, conto apenas com quarenta por cento da capacidade de meu coração, e já tenho meus sessenta anos. A quem eu iria liderar em direção à terra prometida?

Entretanto, eu tinha de prestar atenção àquilo, e me levantei da cama.

Não me lembro de nada do que ocorreu nas horas seguintes, nem de como os óleos balanceados surgiram; só sei que outras mãos guiaram as minhas.

Na manhã seguinte Margaret perguntou: – O que você ficou fazendo ontem à noite? E exatamente para que servem esses lindos frascos?

– Não sei – respondi.

– Então, por que os fez? – inquiriu Margaret, com seu senso prático habitual. Eles devem ter uma finalidade.

A mesa de café da manhã não é normalmente um lugar em que uma pessoa deseje entrar em detalhes que pareçam estranhos e inexplicáveis, embora eu saiba que Margaret teria sido compreensiva. Continuamos nossa refeição em silêncio. Minhas divagações espirituais me levavam, algumas vezes, a entrar noite adentro, e assim eu necessitava de comer e pôr os pés no chão antes de discutir qualquer coisa. Além do mais, eu própria não me entendia. Precisava de minha caminhada matinal de ruminação e da comunhão silenciosa, na qual, eu sabia, algo se revelaria. Eu tinha fé de que tudo se revelaria a mim quando chegasse a hora certa. De que havia uma mensagem e um propósito eu não tinha dúvida.

Como se alguém me conduzisse, entrei novamente no pequeno quarto no andar de baixo onde os óleos haviam nascido. Parados diante um do outro, encaramo-nos, os frascos e eu. Eles cintilavam seu brilho sob a luz do sol; havia algo de serenidade e um poder que emanava deles. O líquido em cada um deles estava disposto em duas camadas. Essas camadas repousavam com delicadeza uma sobre a outra, bem divididas, e geralmente a de cima era de cor diferente da de baixo. Era imaginação ou estranhas sensações passavam através de mim? Era como se houvesse quase uma comunicação entre nós, pois algo dentro de mim ressoava. Subitamente me senti energizada e feliz. O cansaço físico que eu vinha sentindo foi suspenso como num passe de mágica. O nome "óleo balanceado" me veio à mente, como se sussurrado em meu ouvido.

Os óleos balanceados tinham nascido, e eram lindos. Mas ainda havia a questão – De que se trata? – que Margaret expressara e que parecia ainda não ter sido respondida, e o que os óleos balanceados viriam a ser ainda era, até aquele momento, um mistério.

Isso me ocorreu com freqüência e eu acredito que se trata de um método do Divino de me testar. Eu recebo as instruções, mas o significado só é revelado mais tarde, depois do ato de obediência.

Logo que comecei a criar minhas jóias coloridas, senti-me impelida a fazer muitas variações, cada qual parecendo ter suas próprias vibrações. Era como se eu trabalhasse sob alguma compulsão muito forte, e várias combinações de cores começaram a se formar em minhas mãos. Eu estava totalmente absorvida pelo que fazia.

O tempo, no entanto, não estava a meu favor. O congresso era dali a apenas duas semanas. Era preciso produzir ainda os folhetos e os rótulos. Pelo menos de uma coisa eu tinha certeza, conhecedora que era de seus componentes naturais, fosse o que fosse além disso, tratava-se de um óleo de beleza mais que perfeito, inspirado no estilo de Cleópatra e seu leite de mula, uma encantadora mistura equilibrada de óleos hidratados e essências vegetais – o primeiro, segundo acredito, de nossa era.

Eu não tenho a menor dúvida de que também se tratava de um ressurgimento de algo que eu havia aprendido há muito, num passado muito distante.

Gradualmente, o significado total e a estrutura começaram a se fazer conhecer. Era um prosseguimento; tudo era muito familiar e fluía no nível consciente. O velho vinho aparecia numa nova forma em "novos frascos", expressamente para a Nova Era.

Quando me perguntavam – e me perguntaram repetidas vezes, especialmente pessoas que sempre têm necessidade de medir e quantificar – por quanto tempo eu pesquisara para chegar àquele resultado, minha resposta era: – Foi pesquisado por um tempo muito longo, desde o começo dos tempos, e mais tarde buscado, rebuscado e relembrado.

Assim surgiram os óleos intuitivos que mais tarde assombrariam e estarreceriam muitas pessoas. Eu mergulhara nos trilhos do tempo do conhecimento passado, sem compreender totalmente, mas deixando que fluísse, deixando que acontecesse.

11. O congresso

O primeiro dia do Congresso Mundial do Subud amanheceu claro e limpo. O estande que nos destinaram ficava numa imensa tenda, próxima de uma das entradas principais, e eu notei que a porta de pano da tenda fora amarrada para trás. Agradeci em silêncio, pois sempre tive claustrofobia, sem dúvida um resquício de alguma experiência passada. Era agosto e o sol brilhava pela entrada da tenda.

Arrumamos o estande da melhor forma que pudemos, sem a destreza e a produção profissional dos expositores que nos cercavam. Na verdade, tudo que tínhamos era uma mesa de cavaletes sobre a qual eu havia estendido a toalha de linho branco que fora de minha mãe, com cem anos de idade. Isso, além de um comprido tampo de vidro emprestado da loja de um amigo, sobre o qual os frascos seriam dispostos para ficarem mais elevados, constituíam nossa apresentação. O cunhado de Laura pintara um painel, de acordo com nossas visões, que ficava no fundo do estande. Fosse qual fosse o evento, esse painel me acompanhou sempre desde então, e sempre atraiu admiração e comentários.

A nossa volta, os profissionais se superavam nos preparativos. Cortinas, cartazes, folhetos, todos os dispositivos que as grandes companhias podiam encomendar estavam presentes com toda a força. No meio desse fausto, nosso pequeno estande parecia a barraca da agência de voluntários local, montada aos sábados na rua principal para vender geléias e quitutes feitos em casa.

Laura e Mick, que haviam se encarregado de todo o trabalho de encher e rotular os frascos, se juntariam a nós mais tarde. Assim, como eu não enxergava, quase todo o trabalho de arrumação do estande sobrou para Margaret. Sugeri, já que não tínhamos outro tipo de suporte, que o tampo de vidro fosse posicionado sobre alguns frascos de óleos balanceados que rejeitáramos devido ao fato de estarem foscos. Esses frascos eram o resultado de uma tentativa de repetir a primeira leva de frascos, mas apesar de tê-los preparado, segundo acredito, pela reprodução fiel das cores e substâncias, o resultado foi desapontador.

Duas ou três pessoas passaram e uma mulher se deteve em nosso estande. A luz do sol formava um holofote natural nos fundos do estande, e iluminava os frascos de óleos balanceados. Eles pareciam vibrar e cintilar, com suas cores brilhantes e admiravelmente belas. A mulher parecia fascinada. Uma venda, pensei. Mas não, ela continuou andando e desapareceu pela abertura. Alguns minutos depois, para minha surpresa, ela estava diante de mim.

– Estive olhando os frascos lá de trás. Não sei por que, mas me sinto atraída por eles.

Ela não perguntou para que serviam e nada havia no estande que indicasse de que se tratava, pois os óleos balanceados, como já se disse antes, surgiram pouco antes do início do Congresso.

– Posso ficar com aquele ali? – perguntou, apontando para um dos frascos rejeitados que apoiavam a prateleira de vidro. Seu equivalente sem defeito estava sobre ele na prateleira, lindamente brilhante e claro. Concluí que ela não havia notado, e, como minha formação não me permitia vender ou dar algo que eu considerasse inferior em qualidade, eu a conduzi para o frasco mais brilhante.

– Leve-o até a luz – eu disse, pensando que, uma vez que o sol o iluminasse não haveria dúvida. Ela, porém, retornou, dizendo apologeticamente: – Prefiro o outro, se não se incomodar.

O fato de ter colocado o tampo de vidro sobre a base de frascos foscos se comprovou lamentável e fez Margaret gastar tempo, pois a tenda ficava numa leve inclinação e as pernas da mesa de cavaletes não ficavam muito firmes no gramado. Lutei contra um sentimento de exasperação, mas era nosso primeiro cliente. Sorri internamente. Uma mulher típica, pensei, sempre achando que o produto que está na base da pilha é o melhor! Olhei para Margaret. Seu rosto estava impávido. Cuidadosamente, todos os frascos foram removidos e o tampo de vidro erguido. A mulher levou o frasco que queria.

– Obrigada – disse ela. – Senti que tinha que comprar esse. É quase como se ele falasse diretamente comigo.

Ainda não havia muito movimento de clientes, e assim eu a acompanhei até a saída. – Está aproveitando o congresso? – perguntei, procurando ser simpática.

A mulher me olhou. – Bem, espero aproveitar. – Havia cansaço em sua voz, mas prosseguiu: – Fiz um grande esforço para vir. Acabo de me recuperar de um colapso nervoso. – Anuí solidariamente e ela se foi.

Margaret rearrumou o estande. Seis vezes durante aquele dia aconteceu de alguém pedir e insistir em comprar o frasco fosco. Eu estava intrigada. Os fregueses também compravam os cremes e loções, como eu imaginava que fariam. Mas alguns se sentiam irresistivelmente atraídos pelos frascos foscos de óleos balanceados no fundo do estande. Quando me perguntavam para que o frasco servia, eu só podia responder que era um óleo cosmético, pois era só até onde eu tinha conhecimento naquele momento. Como já disse antes, aprendi a obedecer em primeiro lugar, sabendo que as respostas se seguiriam com certeza. Não nos cabe perguntar por quê, mas sinto que o Divino tem um excelente senso de humor.

Os fregueses ainda eram esparsos, pois muitas pessoas haviam acabado de chegar em seus vôos no aeroporto Heathrow e estavam passeando despreocupadamente, talvez ainda sob os efeitos da diferença de fuso horário. Desejosa de sair um pouco até a luz do sol, eu acompanhava os fregueses até a saída, fazendo sempre a pergunta habitual: – Está aproveitando o congresso?

Percebi um fato estranho. Todas as seis pessoas que haviam escolhido os frascos foscos haviam passado recentemente por uma depressão ou crise emocional. Assim eu concluí que talvez de alguma estranha maneira os frascos foscos estivessem captando isso, ou tivessem um significado para as necessidades da pessoa. Comentei o fato com Margaret. Com sua mente prática, ela respondeu imediatamente: – Talvez devêssemos anotar esses dados e ver sua freqüência. Deve ter algum significado.

Pelo fim do dia, esgotara-se o pequeno suprimento de frascos foscos que trouxéramos. Mas como as pessoas ainda os requisitavam, e estavam hospedadas em hotéis locais, nos dispusemos a trazer mais frascos daqueles.

Durante a quinzena, todos os 140 frascos que rejeitáramos haviam sido vendidos. O padrão detectado se repetiu com tanta regularidade que começamos a sentir firmeza suficiente para perguntar ao comprador de um frasco fosco: – Você passou por alguma situação emocional difícil recentemente? Descobrimos com inquestionável regularidade que assim fora. Oh, bem, pensei, Deus sabe quem mais precisa.

No último dia, um jovem alegre se aproximou. Nesse momento, havia uma pequena multidão em volta de nosso estande, pois muitos pequenos milagres tinham acontecido. Quatro de nós estavam atendendo e ocupadíssimos. O jovem apanhou dois frascos enquanto esperava na fila. Para minha surpresa, ele escolhera o último frasco fosco, o centésimo-quadragésimo frasco, e o frasco mais brilhante de mesma cor. Enquanto esperava, ele pegava os frascos, colocava-os de volta no lugar, até que saiu para examinar através da porta, como se conferindo alguma coisa. Ele voltou. Mas de novo parecia indeciso, pegando primeiro um frasco e depois o outro.

– Não sei – disse ele. – Me sinto atraído por este – e apontou o frasco brilhante – mas sinto como se reagisse a este (o frasco fosco). – Acabou escolhendo o último.

Margaret perguntou espertamente: – Está gostando do congresso? – Embora ele parecesse muito alegre, ela obviamente esperava a resposta habitual.

– Ah, sim, muito – ele respondeu. – Está ótimo. Nunca me senti tão encaixado, satisfeito, e tão feliz em minha vida. Estou realizando o trabalho que sempre desejei e me sinto realizado.

Margaret e eu nos entreolhamos. – Lá se vai para os ares nossa teoria – eu disse baixinho. Margaret perseverou.

– Que trabalho é esse que está fazendo?

O homem, porém, estava esticando o pescoço para fora da tenda, onde um menino pequeno o esperava pacientemente. – Ah, tudo bem – exclamou o jovem. – Ele ainda está ali. – Ele nos disse então: – Estou trabalhando com crianças mentalmente retardadas.

Os frascos tinham falado.

***

O congresso agora estava no auge, com dois mil visitantes por dia, uma amostra verdadeiramente significativa da sociedade cosmopolita. Muitos dos participantes se faziam acompanhar de intérpretes, pois vários grupos falavam apenas um mínimo de inglês. Desnecessário dizer que isso levou a algumas complicações na comunicação.

Nosso estande agora estava cercado, principalmente por mulheres que pareciam atraídas pelas cores e a beleza dos frascos. Atentei para uma figura alta (cuja altura percebi através da cor de sua aura que estava acima das outras). Pude sentir que se concentrava, e que era um homem. Ele permaneceu por uns poucos minutos, obviamente olhando para alguma coisa, e então desapareceu através da abertura. Logo ele retornou ao mesmo ponto, arrebatado por seus pensamentos. Pude "observar" a repetição desses gestos rápidos pelo menos umas três vezes antes do almoço.

Chegou a hora do almoço e nós nos separamos, pois o estande não podia ficar sem atendimento. Escolhi esperar. De repente, uma grande figura surgiu a meu lado. A aura era muito familiar. Era o homem novamente.

– Vou comprar aquele frasco – disse ele. – O azul. Quanto custa?

Eu lhe disse o preço. Ele pagou e colocou o frasco no bolso de seu casaco. Intrigada e aturdida, pois ele não fizera nenhuma outra pergunta, perguntei gentilmente: – Gostaria de me dizer como vai usar esse frasco?

– Não – disse ele. – Não há necessidade. Eu sei exatamente o que vou fazer com ele.

Ele se movimentou como se fosse se retirar. Até então, eu estivera apenas intrigada, mas agora também estava um pouco aborrecida. Era meu bebê tão lindo e eu queria saber o que ia acontecer com ele. Ele provavelmente percebeu o desapontamento em meu rosto, pois riu alto. Todas as pessoas que eu conhecera ali eram adoráveis, assim como esse homem. Logo soube que era um agente de um grande grupo de seguros, encarregado do gigantesco estande da empresa no outro extremo da tenda.

– Ok, vou lhe dizer – ele falou. – Durante toda a manhã eu lidei com perguntas inconvenientes, intérpretes e tudo o mais. Senti que se não parasse um pouco minha cabeça iria explodir! Ao passar por seu estande, com a confusão das mulheres em torno dele, alguma coisa no fundo atraiu meu olhar. (Era o frasco de óleo balanceado azul.) – Parecia quase que se dirigia pessoalmente a mim. Parece loucura, não é? Mas, parado ali, senti uma paz tomar conta de mim. Fui para fora e quando voltei a passar ali a mesma coisa aconteceu. Retornei a meu estande e encontrei a mesma situação, mas me senti mais calmo. Lidei com o problema e consegui fechar o negócio! A paz não durou muito tempo, a pressão novamente me oprimia. Escapei de lá e voltei aqui – a mesma garrafa, o mesmo fascínio, o mesmo efeito. Na terceira vez, pensei, aquelas abençoadas mulheres terão desaparecido e vou comprar aquele frasco! E você sabe o que vou fazer com ele? Vou colocá-lo em meu estande e simplesmente olhar para ele. Depois vou levá-lo para minha casa, no Canadá, e mantê-lo em minha escrivaninha.

Essa foi a primeira evidência explícita das qualidades terapêuticas do óleo balanceado azul, que veio a se tornar conhecido como o frasco "da paz".

O congresso se realizava num local bem distante do centro da cidade, o que tornava difícil para muitos participantes visitar as lojas comerciais. Por isso, eles tiravam o máximo proveito de tudo o que estava em oferta no congresso, e nosso pequeno estande não era exceção. A essa altura, se espalhara a notícia e nos tornáramos o foco de pedidos de ajuda. Essas pessoas eram altamente espiritualizadas, muitos deles no nível mais alto, e elas acreditavam na cura natural.

Uma mulher que estava atrás de mim emitia sinais de empolgação e amor, como raios que penetravam por minha nuca. Eu me virei para olhá-la. Ela tomou minha mão e a segurou como se nunca fosse largá-la. Havia sinceridade em sua voz quando ela disse: – Estou tão agradecida por sua ajuda. – Esperei, tentando imaginar o que viria depois. – Obrigada por me curar.

Ela disse que tinha um cisto muito doloroso ao lado do olho. Gradualmente, crescera a ponto de interferir na abertura da pálpebra. Devido à localização do cisto, ela temia submeter-se à cirurgia. Ela prosseguiu e me disse que havia comprado o óleo "Resgate" (que nessa época não tinha nome) e o aplicara no rosto puramente como um óleo cosmético, como a brochura instruía. Pelo quarto dia, o cisto havia desaparecido miraculosamente. Eu não estava bem certa se ela estava creditando a cura a mim ou ao óleo, ou a ambos, mas naturalmente que fiquei muito feliz por ela. Durante as duas semanas seguintes ela freqüentou nosso estande e insistia em nos ajudar de qualquer maneira que pudesse. Sua gratidão não tinha limites.

Um homem que me perguntou – Você pode recomendar algo para impotência? – se sentiu atraído pelo óleo vermelho e ouro. No fim da sessão, saiu levando trinta frascos. Acho que todos tiveram a chance de se divertir muito.

Minha visitante seguinte tinha um problema muito diferente – um grave abscesso do tamanho de uma bola de golfe em sua nádega. Margaret riu divertida quando a mulher me conduziu para o fundo da tenda e me pediu para "dar uma olhada" no abscesso (um termo usado de forma figurada, acredito, devido a minha incapacidade física). Mas a essa altura as pessoas estavam convencidas de que eu tinha uma visão interior, e era isso que eles vinham buscar. De um ponto de vista médico ortodoxo, o tamanho, a sensação e o calor que emanava do abscesso sugeriam que deveria ser drenado imediatamente, e que o paciente devia em seguida tomar uma série de antibióticos. A mulher estava doente e febril. Na hora de ministrar o óleo, senti-me atraída pelo óleo "Resgate" azul e violeta. Suavemente coloquei o óleo sobre o abscesso, detendo minhas mãos sobre o local só por um momento para que o óleo pudesse ser absorvido. Passei o frasco para ela. – Ponha mais óleo mais tarde – eu disse, pensando que poderia ajudar a aliviar o problema até que ela pudesse obter ajuda médica. Não cobrei pelo frasco, que foi dado com amor.

No dia seguinte uma menina veio me agradecer pelo milagre que havia ocorrido com sua mãe. – O abscesso se abriu ontem à noite, e agora nós o estamos lavando e limpando, e em seguida aplicamos seu óleo curativo. Minha mãe está muito agradecida. – Ela então acrescentou: – Poderia me curar também?

Comecei a imaginar de que se tratava. Estavam atribuindo aqueles acontecimentos a mim, ou ao óleo? Eu não tinha certeza, mas quando depois as pessoas começaram a comprar o "Resgate" das mãos de outras pessoas que não eu e os milagres continuaram, a dúvida se dissipou.

A partir de então ficamos sobrecarregadas com as pessoas que retornavam para nos agradecer. Sem que pedíssemos, vinham nos relatar os efeitos. Enxaquecas crônicas cessavam após a aplicação do óleo "Resgate", o lumbago arrefecia e as costas curvadas de dor durante meses começavam a se esticar após usar o óleo todo-ouro. Minha querida Laura passara muito mal no local e havia ficado inconsciente por um breve tempo. Só nos ocorreu – e Laura sentiu isso, pois não havia dúvida sobre sua afinidade com o Infinito – usar o óleo balanceado amarelo-e-ouro, que funcionava admiravelmente. Com esse óleo ouro vinha um duplo bônus – os problemas digestivos que alguns visitantes de além-mar experimentavam, talvez devido à mudança na alimentação, também foram curados. Essa lista cresceu cada vez mais e se tornou cada vez mais surpreendente todos os dias.

Margaret e eu discutimos o assunto. Estávamos totalmente desnorteadas. Eu não podia acreditar no que ouvia – eu tinha, pode-se dizer, atarrachado uma lâmpada e acendera a luz de Londres inteira. O verdadeiro milagre, acredito, é que eu nunca havia lido um livro sobre terapia de cores, nem estudado as regras de composição de cores. Tudo o que havia sido feito, como no caso do creme, fora feito como se outras mãos estivessem controlando as minhas. Seria muito mais aceitável para a imprensa e para os "homens que precisam medir" se eu alegasse ter feito anos de pesquisa (na forma como eles entendem a palavra). Mas na verdade, eu havia sido levada de volta ao começo quando Deus disse: "Faça-se a luz." E a luz se fez. E a luz era a força da vida e o começo das energias da vida. Ali eu rebusquei e assim, por meio da lembrança, penetrei no mundo misterioso e mágico da cor no Grande Jardim de Deus.

12. Operação lançamento

O nome da empresa, Lincoln Fraser, cumprira seu objetivo e atuara como uma abertura para o tema principal, que eram os óleos balanceados Aura-Soma e sua missão de cura.

O nome Aura-Soma havia se revelado em meditação e, na "fase de testes", foi aprovado por Laura. Aura vem do grego antigo e representa Aurora, a deusa da luz da manhã. Soma em grego quer dizer "ser"; em sânscrito, "energias vitais". Assim, Aura-Soma é "a luz que se manifesta nas energias vitais".

Ofertas de financiamento começaram a chegar aos montes. Empresários de publicidade nos procuraram e um famoso fabricante de cosméticos se interessou em nos apoiar. Eu me vi rejeitando todas as ofertas. – Não, obrigada – eu disse. – Deus é meu banqueiro. – Nesse momento tive certeza de que Deus sorriu. Iniciava-se o grande teste.

Agora que tínhamos consciência de um potencial do qual nem suspeitávamos, nós quatro discutimos o assunto. Minha querida Laura, visionária, e eu sabíamos muito bem que nada daquilo acontecera por acaso e que havia algo muito mais profundo do que qualquer coisa que nós humanamente pudéssemos compreender. Nenhuma de nós duas tinha a tentação de sucumbir àquele leilão financeiro. Eu estava irredutível. Inspirada pelo Divino, obedeci cegamente, e a mão Divina que me guiara de volta no tempo para aquela redescoberta haveria literalmente de me orientar para seguir adiante na fé. Era como se fosse uma missão, e nada me persuadiria a reduzir os óleos balanceados a um mero cosmético. Sua indizível beleza era apenas um meio exterior de atração, a vitrine de Deus, e todos aqueles que tivessem vontade de olhar para eles encontrariam um espelho do verdadeiro eu e de suas necessidades em muitos níveis.

De todo o mundo chegaram sugestões de franquia, que foram recusadas. Uma mulher se aproximou de mim, fascinada pelas "jóias" coloridas espalhadas diante dela.

– Você precisa comercializar isso! – exclamou ela. – É o primeiro no gênero. Só necessita de divulgação nos lugares certos. Eu adoraria cuidar disso. – Uma luminosidade avivava seu rosto, que parecia refletir as brilhantes cores que ela observava a sua frente. Gostei dela.

– Sou publicitária, e meu negócio é divulgação – disse. – Mas me sinto pessoalmente muito atraída por esse produto.

Minha mente, que tremera ao ouvir a palavra "negócio", entrou novamente em foco diante do puro encantamento que provinha de seu interior. Estávamos a ponto de desmontar o estande naquele momento e não havia mais tempo para conversa. Como estávamos quase de partida, ela se aproximou mais uma vez e disse: – Podemos conversar sobre o assunto?

– Sim – respondi. Ela agendou um encontro futuro com Margaret, e combinaram o local e a data.

Até então nada tinha sido planejado em nossas mentes. Os fatos se sucederam com tamanha rapidez e de forma tão inesperada que não fizéramos projetos para o futuro. De uma coisa, porém, eu tinha certeza: enquanto uma explicação não me fosse dada, no tempo que Deus permitisse, e não se revelasse a verdadeira finalidade dessa substância mágica e misteriosa, não haveria nenhum tipo de venda por razões exclusivamente comerciais.

Margaret e eu havíamos investido nosso capital – oriundo da venda de Kings Ransom e acrescido de nossas economias – com um amigo, certas de que assim estávamos assegurando bons juros com os quais viver confortavelmente. Não tínhamos vontade ou incentivo para entrar no mundo do comércio. Na promoção desse pequeno milagre, o aspecto financeiro não parecia ter nenhuma importância, exceto se contribuísse para realizar o verdadeiro objetivo dos óleos balanceados. Firmes nessa idéia, estávamos preparadas para tratar com qualquer alternativa que nos fosse apresentada.

Continuavam a chegar relatos de curas, nos níveis espiritual, físico e mental. Coisas estranhas estavam acontecendo dentro de mim. Toda a minha vida eu estivera consciente de ter uma visão interior e um pré-conhecimento, além de sensações e intuições inexplicáveis. Houve também curas espontâneas, involuntárias. Agora, porém, eles tinham se acentuado e se multiplicado em milhares de outros. Cores, sons, percepções me ocorriam com total clareza, percepções além da mera percepção. Era como se os óleos balanceados contivessem um mecanismo de liberação capaz de transmutar e transmitir as energias vivas de seu interior, introduzindo um nível mais alto de consciência.

"Deus é meu banqueiro." Ouvi essas palavras ecoarem e repercutirem em minha mente. Olhei desconcertada para Margaret. Acabáramos de receber a notícia de que nosso investimento fracassara. Nem um penny poderia ser recuperado. Cega, aposentada, e com meus sessenta e tantos anos, me senti longe de estar otimista. Graças a Deus já tínhamos reformado e nos mudado para o apartamento de minha fiel Phyllis. Pelo menos tínhamos uma casa para morar. Havíamos gastado prodigamente em conforto e na reforma antes do "acidente" com nossas economias. Deus com certeza estava me chamando às falas e testando minha fé. Naquela noite, em meditação, fiz a pergunta "Para onde vamos agora?" O filho da inspiração havia nascido para se tornar, como eu pensara, o salvador de muitos e nós não tínhamos sequer como patrocinar suas fraldas.

No dia seguinte a divulgadora veio nos visitar, como combinado. Olhei para seu rosto radiante. A empolgação ainda estava presente.

– Usei o óleo – disse ela. – É fabuloso. Eu me senti inspirada e centrada, como se tivesse encontrado uma nova direção. Tenho pensado muito nisso. Na verdade, tenho sonhado com isso! – Ela riu. – Sei exatamente em quais revistas, pelo menos duas ou três, eu poderia publicar sobre isso. – Ela fez uma pausa. – Sei que isso aumentaria muito os custos, mas teria que ser algo em cores.

A palavra "custos" penetrou fundo. Por um breve tempo eu pensara que aquela senhora e sua oferta de cuidar da divulgação poderia ser a resposta de Deus – eu pedira ajuda na meditação. Mas os custos não tinham sido mencionados. De alguma forma, como nunca havíamos de fato pensado naquilo comercialmente, a idéia de pagar para anunciar não ocorrera. Em vista do recente baque financeiro, ao notar que falávamos de dinheiro, me assustei. Em algum lugar no fundo de minha mente um pensamento se iluminou. Talvez com a venda de certos objetos pessoais pudéssemos levantar algumas centenas de libras. Não havíamos descartado a importância da divulgação. A citação bíblica "Como eles poderão saber se ninguém lhes disser" estava impressa em minha mente. A missão era nossa; tinha de ser realizada.

– De que quantia estamos falando? – perguntei com delicadeza. – Seria muito caro?

– Oh, não – ela respondeu. – Cerca de sete mil libras esterlinas dariam. – Bebeu alegremente mais um gole de seu chá. Eu engasguei com o meu.

– Bem, querida, – eu disse – não temos sequer sete mil pence e, assim, lamento dizer que vamos ter de adiar essa idéia. Quem sabe outro dia...

Depois que ela foi embora, no fim da tarde, a tristeza tomou conta da casa, e de nosso interior. Devo admitir que a essa altura eu perdera o senso de humor de Deus. Divulgação era algo a ser esquecido.

Aconselhadas por uma amiga, convidamos Simon Martin do "Journal of Alternative Medicine" para ver se ele se interessaria por nossa nova descoberta, pelas qualidades terapêuticas dos óleos balanceados. Eu estava determinada a não deixar que elas se perdessem ou que nossos lindos óleos balanceados terminassem como um mero cosmético. O telefone tocou. Era Simon. Sim, ele gostaria de nos visitar mas só seria possível num domingo. Assim estaria bem, respondemos, encantadas. Seria essa a resposta para nossas orações?

No domingo de manhã preparamos a mesa do almoço e procuramos criar o melhor ambiente possível. O fogo ardia na lareira. Era início de janeiro e um vento rascante do leste soprava sobre Gold Hill. O telefone tocou – era Simon de novo. Perguntava se podia levar uma amiga? Claro que sim. Apressadamente preparamos mais um lugar à mesa.

Quando finalmente a campainha da porta tocou, meu coração deu um salto. Por favor, Deus, permita que corra tudo bem e nos dê inspiração. Podia ser tão importante! Quando Margaret abriu a porta da frente, a força do vento quase os empurrou para dentro do hall de entrada. Londrinos e pouco habituados ao frio do campo, eles tiritavam. No segundo andar estava mais quente, e a mesa, convidativa, mas de alguma forma eu sabia intuitivamente que não estava recebendo uma resposta de nenhum dos dois. Meu coração naufragou. Palavras, palavras, todas aparentemente vazias – estávamos nos aproximando rapidamente de lugar nenhum. No primeiro andar, no quarto do jardim onde os óleos balanceados haviam nascido, os frascos estavam arrumados e esperavam com toda a sua beleza. Chegar a esse quarto implicava passar mais uma vez no frio vento do lado de fora. Depois de entrar, eles tiritaram. Eu me desesperei. Ia ser um desperdício de tempo.

De repente senti uma mudança na amiga de Simon. Ela segurava os frascos quase como se estivesse relutantemente atraída, parecendo incapaz de afastar-se deles, presa por algum impulso irresistível. Suas perguntas eram surpreendentes, penetrantes. Comecei a conversar com ela. Estávamos falando sobre meu querido bebê. A informação fluiu naturalmente de mim. Era o puro amor que falava. O fato de ela ser apenas uma espectadora interessada não me demoveu de meu entusiasmo e da alegria de compartilhar. Simon parecia impassível.

Acompanhamos os dois até a porta. Simon percebeu nosso desapontamento. Cheryl, sua amiga, de repente se virou para trás e nos beijou. O gesto de ternura me surpreendeu, embora eu soubesse de um elo passado entre nós. Meu coração se elevou, embora isso nada tivesse a ver com o motivo que os levara ali. Era simplesmente o prazer de uma pessoa ao contato de outra pessoa. A visita aparentemente não teve conseqüências. Margaret e eu tínhamos pouca esperança de uma matéria gratuita, a julgar pelas reações de Simon.

Poucos dias depois, Margaret estava lendo a correspondência da manhã. A última carta da pilha fez com que ambas nos endireitássemos nas cadeiras. Era uma amável carta de agradecimento, que mencionava não apenas nossa hospitalidade, mas também a beleza da informação compartilhada.

"Gostaria de escrever um artigo sobre você e seus óleos balanceados para a revista 'Here's Health'. Posso mandar um fotógrafo para fazer umas fotografias coloridas?" A carta estava assinada Cheryl Isaacson. Nossos corações rejubilaram – sem saber, tínhamos na verdade sido um brinquedo nas mãos dos anjos.

O fotógrafo chegou na hora marcada, um jovem altamente profissional que, para nosso bem, fazia aparecer equipamentos como lenços do chapéu de um prestidigitador. Guarda-chuvas brilhantes surgiram, estranhos dispositivos foram dependurados aqui e ali, alguns para diminuir a luz, outros para iluminar. Era um trabalho muito complicado. Meus lindos frascos de óleos balanceados apenas refulgiam e posavam para o fotógrafo enquanto ele ajustava o foco.

Outra carta chegou. O artigo seria publicado dentro de três meses. Parecia um tempo bem prolongado.

Pouco tempo depois da visita de Cheryl e da notícia sobre o artigo da "Here's Health" recebemos outro telefonema. Dessa vez era a brilhante escritora e jornalista Leslie Kenton da "Harpers and Queen". Poderíamos marcar uma visita para domingo? Fala-se em nunca aos domingos, mas tudo parecia nos acontecer aos domingos.

– Ficaríamos encantadas – eu disse. Nós nos importaríamos se ela levasse um amigo e seu filho pequeno? Parecia um padrão preestabelecido. Dessa vez um jantar, e um novo fogo de boas-vindas na lareira. Rezei em silêncio para que outro fogo também se acendesse.

Encerrada a refeição, descemos para o quarto no jardim. Desde o momento do impacto, não houve nenhuma hesitação. Fascinada, guiada pelo conhecimento interior de consciências passadas, sua escolha de cores confirmou o que eu já tinha visto dentro dela. Prestes a apostar num artigo especial publicado em cores, essa era para ela uma dimensão inteiramente diferente. Era sem dúvida o primeiro do gênero, assustadoramente belo e definido por Leslie como lindas jóias de um conto de fadas infantil. Seu filho, Aaron, uma criança muito inteligente, parecia igualmente atraído. Com certeza ali estava um menino que um dia traria muitas cores para muitas vidas.

Minha visão áurica foi até seu amigo que estava ao fundo. Eu conhecera imediatamente sua aura, e a reconhecera. Memórias do passado se precipitaram. Ali estava de fato uma grande alma. Trouxe minha mente de volta para a situação presente. Mais tarde, Leslie partiu levando várias "jóias" com ela.

A confirmação do artigo de Leslie veio mais tarde. Também seria publicada dentro de três meses. Margaret e eu nos olhamos. Viva, pensei, isso sem dúvida era um lançamento.

O fotógrafo da "Here's Health" que tanto nos divertira com sua parafernália de equipamentos por acaso passou por nossa casa em seu caminho para outra matéria ali perto. Tínhamos feito um convite aberto a ele para que aparecesse para um chá, se algum dia passasse por lá. Em resposta a nossas perguntas sobre a evolução do artigo, ele disse: – Acho que Cheryl gostou muito de vocês. Vocês vão ganhar uma página dupla inteira em cores. – Ele sorriu. – Isso teria lhes custado um bom dinheiro se estivessem pagando como anúncio.

– Oh, e quanto você avalia? – perguntei.

– Umas sete mil libras esterlinas – ele respondeu.

Prendi a respiração e olhei direto para Margaret. O mesmo pensamento brotou em nossas mentes: sete mil libras, a mesma soma impossível sugerida pela divulgadora. E além disso viera um bônus extra: "Harpers and Queen". Deus sem dúvida era um doador generoso.

13. Olympia

A Exposição Corpo, Mente e Espírito realizada em Olympia no verão de 1984 era a primeira exposição realmente grande da qual participávamos com um estande.

Os frascos brilhavam sob as luzes, irradiando sua mensagem de promessa para o futuro. De repente as pessoas se aglomeraram em volta do estande, quase me encurralando. Interiormente, me vi a olhar para os rostos de almas e amigos muito antigos. Havia aqueles com os quais eu caminhara, conversara e aprendera ao longo de várias reencarnações. Eu viajava de volta no tempo até a eternidade, desde o momento em que Deus disse "Que se faça a luz." E a luz se fez, e com a luz veio a vida e através do prisma da própria vida o espectro da cor se revelou, cada faceta com seu próprio e específico comprimento de onda e vibração, e suas próprias propriedades curativas.

Tantos de nós conhecêramos o chicote nas costas, as chamas sob os pés, a espada na garganta. Desde o dia da zombaria das colegas em meu oitavo aniversário, quando comecei a carregar o "segredo" em minha mão, eu evitara falar sobre tais coisas. Passaram-se sessenta anos desde então e as palavras de meu pai soavam em meus ouvidos: "Virá o dia em que você poderá levantar-se e falar desse dom." Não apenas chegara o tempo de declarar abertamente e reconhecer esse dom, mas também de atingir a compreensão completa da verdadeira finalidade dos óleos coloridos nascidos da inspiração. Com a perda da visão física houve um poderoso aumento de minha visão interior. As auras que eu sempre conseguira ver agora tinham uma claridade que me permitia enxergar através das janelas da alma, erguer as cortinas da consciência de modo a conseguir enxergar todos os aspectos de uma pessoa, e todas as suas necessidades. Era algo estranho, empolgante e perturbador. Eu estava agora inteiramente sujeita à Consciência Maior que me guiava e trabalhava através de mim. Meu ego se esvaziara por completo.

Minha querida Laura, com sua profunda visão interior, dissera, no começo de tudo: – Há um propósito que vai muito além e é bem diferente do que se mostra à primeira vista. – De várias maneiras alguém poderia dizer que ela era o instrumento do impulso Divino. Todas as suas predições mais tarde se comprovaram acuradas, e seu apoio, fé e encorajamento, assim como sua natureza livre de inveja, foram uma verdadeira fonte de força para mim.

Muitas almas pulsavam e vibravam naquele momento em nosso estande, um autêntico tempo de renascer. Ocorreu-me que um grande mestre disse certa vez: "Se um homem não for capaz de nascer novamente não pode entrar no reino dos céus."

Muitas lágrimas foram derramadas em minha mesinha, de alívio e de reconhecimento. Eram pessoas vindas dos quatro cantos da terra, não por acaso, mas especialmente convocadas para formar um poderoso exército com a missão de trazer a Nova Era, preparada pelo passado para o presente.

Durante um breve momento de tranqüilidade em minha mesa, ouvi uma voz de mulher atrás de mim: – Eu sou repórter da (...). Você está falando de cores e de seus efeitos sobre as pessoas?

– Estou.

Ela prosseguiu: – Tenho apenas alguns minutos mais de fita para gravar. Responda, por favor, da forma mais breve possível.

Com interesse, observei a aura diante de mim tremelicar e mergulhar em marrom na periferia. Percebi a descrença interior.

A voz entrecortada continuou: – Você afirma que as cores afetam as pessoas. Estou vestindo azul. O que o azul provoca em mim? – e bruscamente levou o microfone até bem perto de meu rosto. Não muito, pensei, e me senti tentada a dizer isso.

– Deveria lhe dar a tranqüilidade de que você tão claramente necessita – eu disse. – Sem dúvida sua profissão e seu ritmo de trabalho devem tornar difícil conseguir isso.

Essa não era aparentemente a resposta que ela desejava

ouvir. A voz se apressou em continuar: – Está bem, suponhamos que eu vestisse verde. E então?

– Verde – respondi, contendo um suspiro – ajuda na tomada de decisões, polariza, dá a uma pessoa a capacidade de encontrar o espaço de que ela precisa. Eu costumo chamá-la a cor "vá-abraçar-uma-árvore".

O microfone foi retirado com rapidez. – Obrigada – ela disse, e seguiu seu caminho. Nunca tive notícia daquela entrevista, nem desejei ter. De meu bolso retirei meu Pomânder, a essência da Aura-Soma (veja capítulo 21), e com o gesto circular que hoje é internacionalmente conhecido purifiquei o ar a meu redor. Acrescentei mais duas gotas nas palmas de minhas mãos, e as espalhei em oblação silenciosa para o visível e o invisível, purificando as vibrações ao redor, protegendo a aura das forças externas e de elementos errados.

O "Pomânder de bolso" viria a se tornar muito apreciado por todos aqueles engajados na cura de multidões da Nova Era. Comprovou-se muito valioso nessa exposição. Ficamos felizes de ouvir que a atmosfera no centro de exposições parecia bem mais leve naquele ano.

No almoço, sorridente, Laura se aproximou de mim. Era nossa primeira chance de conversar desde o início do evento. Eu estivera presa a minha mesinha, ora pela imprensa, ora pelas pessoas pedindo para fazer leituras pessoais, e não tivera tempo para apreciar o que acontecia em nosso estande principal, onde Laura, Margaret e os outros estavam trabalhando. – Devo lhe dizer, Vicky, pois você vai se interessar em saber – disse Laura. – Notei um homem parado diante de nosso arco-íris de frascos, estendendo suas mãos em direção a eles por vários segundos. Não me aproximei dele e ele se afastou. Isso aconteceu várias vezes e eu fiquei curiosa. Pensei que talvez ele precisasse de alguma informação mas que não quisesse perguntar. Aproximei-me dele com cuidado e perguntei se podia ajudar. – Não, obrigado, querida – ele respondeu. – Estou apenas me regenerando quando sinto necessidade.

Laura acrescentou: – Ele vem do estande ao lado. É um dos praticantes de cura espiritual. Não ajudam a aumentar nossas vendas, mas estão fazendo um trabalho maravilhoso ao lado e fico contente por termos uma participação nessas curas.

Começávamos a suspeitar que visualmente a cor e outras vibrações que emanavam dos frascos tinham um poder restaurador. Na verdade, amigos que me conheciam há anos notaram o rejuvenescimento que ocorrera desde que eu começara a manipular os óleos Aura-Soma.

Ouvi então outra voz atrás de mim. Essa estava espiritualmente viva, ardente, empolgada e com um sotaque que tive dificuldade de identificar a origem. Os olhos, janelas da alma, estavam acesos e revelavam uma profunda consciência interior.

– Você poderia por favor me explicar todo o significado do que você está fazendo e de que se trata?

Nada de pouca fita dessa vez! Ali estava um espírito irmão e, apesar da quantidade de pessoas que esperava, consegui encontrar um tempo disponível. Com interesse, ele gravou cada palavra e de quando em quando me fazia uma pergunta pertinente. Foi um prazer. Meia hora depois, já tínhamos terminado. O jovem me pediu permissão para fotografar meus óleos em cores. Ele tinha somente filme preto-e-branco no momento, mas no dia seguinte reapareceu e rearrumamos o estande de tal maneira que fizesse justiça aos frascos que pareciam jóias. (Vimos as fotografias que ele tirou seis meses depois na revista dinamarquesa “Nyt Aspekt”. Foram feitas de forma bela e sensível por Steen, o jovem que nos entrevistara. O artigo em si, é claro, estava escrito em dinamarquês e não pudemos lê-lo até que foi traduzido.) Antes de Steen deixar nosso estande, nos convidou para uma exposição em Copenhague no ano seguinte.

Duas semanas depois de Olympia, o estande foi mais uma vez montado na Exposição de Medicina Alternativa em Kensington. Esse era um campo ainda mais vasto. Terapeutas de todos os tipos se aglomeravam a nossa volta, como que guiados por alguma força magnética que emanava do estande da Aura-Soma. Eram dedicados trabalhadores da Nova Era, envolvidos nas antigas artes da cura em seu aspecto holístico – hipnoterapeutas, acupunturistas, especialistas em radiônica, reflexologistas, aromaterapeutas e muitos mais. De quando em quando, aparecia um médico alopata ou uma enfermeira interessada.

Dessa vez as perguntas feitas eram mais profundas e amplas. Eles se preocupavam com a estrutura completa da Aura-Soma, em seu efeito sobre o físico tanto quanto sobre o mental e o espiritual. Encontrei-me falando sobre detalhes que até então estavam apenas dentro de minha própria consciência. Tudo começava a se juntar, e agora todo o conceito se apresentava. As palavras começaram a fluir, as comportas da memória se abriram. Mais uma vez eu era a professora, revivendo e relembrando. Foram tomadas notas, feitas perguntas. Todos os presentes estavam reagindo a algo que não era uma alternativa ao que eles faziam, mas um suplemento empolgante, que representava a expansão de seu campo de trabalho. Eles estavam percebendo que a Aura-Soma não era apenas uma terapia de cores que dependia das vibrações curativas da cor, mas um antigo e poderoso conceito recém-ressuscitado que tinha em si a alquimia ancestral do boticário na qual se reúnem os segredos do campo e da floresta – as ervas, as flores, as resinas.

Um jovem alto e moreno perguntou: – Eu gostaria de saber mais sobre Aura-Soma. Quando vocês vão promover um *workshop*? – Foi então que tomei consciência da necessidade de um ensinamento mais completo. Não havia dúvida com relação a isso, pois até o fim da exposição fomos inundados por nomes e endereços de todas as partes do país. Os *workshops* que nasceram dessa exposição mais tarde se espalharam para além da Inglaterra, para a Europa e para o Novo Mundo.

14. Copenhague

Em novembro de 1985, depois de muitas outras exposições, fomos a Copenhague para participar da Exposição Corpo, Mente e Espírito naquela cidade. Era nosso primeiro grande empreendimento no exterior, e os obstáculos foram muitos. Havia a alfândega, com documentação e formulários infindáveis. Depois tivemos de planejar o transporte dos óleos e dos estandes de exposição separadamente, por terra e por mar, enquanto Margaret e eu fomos de avião, já que eu não podia viajar por mar. Achamos difícil encontrar todo o tempo necessário para organizar a viagem, pois estávamos sendo muito exigidos naquele momento. A certa altura cheguei até a me perguntar se conseguiríamos superar os problemas, se chegaríamos até lá. Mas já tínhamos tomado aquela direção, e em meditação eu havia sido instruída a participar.

Quando Margaret e eu desembarcamos no aeroporto de Copenhague chovia torrencialmente, parecendo a Inglaterra. Apressadamente, uma figura se aproximou de nós. Avancei para cumprimentá-la, pois a vibração áurica que eu recebia me dizia que essa era nossa anfitriã. Abraçamo-nos e imediatamente minha alma se tranqüilizou. Ulla era uma pessoa verdadeiramente maravilhosa. Ela e seu marido Erik foram os mais perfeitos anfitriões. Com sua agradável filha Anna, uma quiroprática de grande reputação, e seu filho, que eu viria a conhecer mais tarde, eles formavam uma família unida e harmoniosa. Seu lar se tornou nosso lar durante o período em que lá estivemos, da mesma forma que para Michael Booth e sua esposa Claudia, que foram conosco para ajudar. Eles viajaram de automóvel, trazendo todos os equipamentos e produtos Aura-Soma. Eu os conhecera na exposição em Malvern em 1984 e eles tinham me convidado para dar um seminário em sua casa perto de Glastonbury. No ano seguinte Michael decidiu se juntar a mim em tempo integral. Ele e Claudia são meus filhos espirituais, grandes praticantes de cura em perfeita harmonia.

No primeiro dia da exposição, tínhamos acabado de concluir a montagem do estande com toda a sua parafernália quando as luzes foram ligadas. Imediatamente a mágica começou. Parada ali eu senti o mesmo arrebatamento e calor que uma mãe poderia sentir no seio de sua família, cada membro com sua própria personalidade, cada um trazendo sua própria contribuição para o círculo do amor.

Uma imensa e brilhante luz de repente apareceu, e uma figura alta se postou diante de mim.

– Você poderia falar comigo?

– Você fala inglês? – perguntei.

Eu podia sentir seu sorriso, e então veio sua adorável resposta: – Você fala dinamarquês? – Gostei dele imediatamente. De repente vi a arrogância de minha pergunta.

– Não – eu respondi. – E tenho vergonha de admitir isso.

Sorrimos um para o outro. Algumas das perguntas habituais se seguiram, e então a pergunta já conhecida: – Você pode ver minha aura?

– Sim – eu disse, elevando primeiro o frasco com as cores ouro e vermelho. Elas eram, na verdade, os reflexos de seu chakra (sua necessidade, representando as cores que ele devia ter para as exigências de seu estilo de vida) e não a cor de sua aura – o vermelho para energia, e o ouro, a necessidade de sabedoria para canalizá-la positivamente. A "cor verdadeira" de sua aura era azul em essência. Interessante, pensei, pois algum dia talvez esse homem, que provavelmente tinha uma ambição secreta, perceberia isso. Agitei o frasco e o pôr-do-sol tremeluziu a minha frente. Sem me importar com a luz, e envolvida pelas vibrações, sussurrei: – Não é lindo?

– Sim, é lindo. – Ele intencionalmente encarou as cores.

Eu me acostumara às câmeras fotografando o estande, mas esse pequeno episódio, me surpreendi ao saber mais tarde, havia sido filmado pela televisão e foi mostrado num programa de televisão de fim de semana.

A exposição estava agora a todo vapor. Não apenas o estande estava iluminado, mas também eu podia sentir a força a meu redor. Eu sabia por que tinha ido a Copenhague – a cidade estava fervilhando espiritualmente. Aqueles que visitavam o estande eram pessoas com uma vocação, pessoas da Nova Era. Eles eram atlantes, introvertidos, com olhos profundamente regredidos que tanto viram e vozes tranqüilas que falavam tão pouco, achando difícil relacionar-se com o espaço e as pessoas a sua volta. As cores de seus chakras e de suas auras mostravam claramente suas necessidades, a necessidade do elemento água, do mar, e de imergirem nela. Muitos deles sofriam de deficiências minerais e desidratação. Todos reagiram muito bem ao Banho Mineral de Algas-Marinhas, com os elementos marinhos de que tanto necessitavam; o contato com eles parecia ser muito natural. Posteriormente, pois estivemos lá por muitos dias, muitos atlantes comentaram sobre sua completa reenergização após utilizar o Banho de Algas-Marinhas.

Achei interessante perceber que a aura predominante entre os atlantes era a turquesa – na verdade, eles escolhiam automaticamente entre os óleos balanceados qualquer combinação de azul e verde. Percebi que aquele lugar era um pico de Atlântida e que esses atlantes haviam seguido o curso do oceano. Ocorreu-me, após a exposição em Copenhague, que essa era a maior reunião de atlantes que eu tivera o privilégio de presenciar. Como em Copenhague, eles eram poderosos praticantes de cura, e se ligavam imediatamente ao óleo balanceado azul/violeta atualmente usado e apreciado por praticantes de cura no mundo todo.

Alguns, que ainda esperavam seu pleno poder se manifestar neles, estendiam os braços para receber a essência de Aura-Soma, o precioso Pomânder, na palma de suas mãos.

Uma mão surgiu diante de mim, e de repente percebi que era de alguém que caminhara com o próprio Mestre. Imediatamente ela me informou que tivera uma visão da mesma experiência. Daquele momento em diante, conhecendo seu verdadeiro eu, ela avançou para a frente com toda a potência. Outra pessoa, que chegava de outro planeta, era um praticante de cura do espaço. Sua aura mostrava uma combinação de violeta-escuro e ouro, com o contorno periférico quase em forma de estrela, e ele me olhou com olhos perscrutadores. Falei o que sabia sobre ele, e à medida que conversávamos, de forma muito semelhante à que havíamos procedido no passado, a aura tremeluziu e se modificou, tornando-se levemente difusa com o verde no centro. Ele começava agora a se relacionar com seu espaço, com o aqui e agora, com a Nova Era na terra.

Outra aura brilhou diante de mim. Essa era de fato uma aura especial. Tocamos nossas mãos, tocamos nossas almas e nos reconhecemos. Ela viajara de longe, desde a Itália, sem saber exatamente por que, e veio para a Dinamarca para participar de um *workshop* no qual ela pudesse obter um espelho ou uma vitrine através da qual as pessoas pudessem ver os reflexos de seu próprio interior e de seu potencial.

Muitas foram as lágrimas derramadas em nosso pequeno estande, muitos foram os reconhecimentos compartilhados. Foi tão empolgante, tão estimulante, e eu soube então por que me fora necessário ir para Copenhague. Eu também sabia que devia retornar mais uma vez. Antes de partirmos, choveram ofertas de todos os lados, casas se abriram para nós. Eles tinham fome e sede de conhecimento.

Aceitei um convite para promover um *workshop* mais avançado em Copenhague em abril do ano seguinte. Isso se repetiria mais uma vez e outra na casa de Annemaria Jeppesen, em Roskilde. Ela era uma anfitriã maravilhosa e uma professora de dança que se tornou um dos primeiros expoentes de uma visão que eu tivera: a dança dos chakras.

No ano passado fui convidada para dar duas palestras no Congresso dos Praticantes de Cura pela Paz Mundial, em Elsinore. As câmaras de televisão estavam lá e, além disso, me dedicaram um programa de rádio de duas horas. A reação do público foi muito expressiva.

Se me for permitido, em meu tempo disponível, pretendo retornar ainda mais uma vez a Copenhague, essa gloriosa cidade com a sereia e a promessa da Nova Era futura.

15. A mágica das cores

A terapia de cores é uma das mais antigas, e sua história se perde no passado, na noite dos tempos. Pesquisadores ao longo dos séculos reconheceram a profunda influência das cores sobre o bem-estar físico, mental e espiritual. Cada componente colorido da luz tem seu próprio comprimento de onda e qualidades específicas de energia capazes de afetar toda a gama de emoções humanas. O azul, por exemplo, é um provedor de paz; o amarelo eleva o ânimo; o vermelho pode transformar a incapacidade em ação positiva; e o verde pode estabilizar e centrar uma pessoa para melhorar sua auto-estima. Da mesma forma, os efeitos da cor na saúde humana há muito foram descobertos. O homem primitivo conhecia a utilidade e o significado da aplicação direta da cor, e tinha bastante conhecimento de seus poderes espirituais, mentais e físicos. Até hoje se encontram evidências disso em antigas cavernas tribais com seus desenhos coloridos. Essa foi a primeira expressão espiritual e física do homem primitivo.

Celsus, médico romano do século I, usou emplastros coloridos para ajudar a promover a cura. Atualmente, pesquisadores japoneses estão descobrindo que o azul acelera a recuperação de feridas em animais. Na Idade Média, quartos de cores diferentes eram usados no tratamento de várias doenças, e hoje muitos hospitais para adultos e crianças mantêm essa prática.

Nos Estados Unidos, os guerreiros indígenas que usavam pintura de guerra o faziam com uma finalidade. Cada cor tinha uma utilidade específica, e servia principalmente para dar aos inimigos a impressão de ferocidade em combate, ou para enfraquecer a resistência dos opositores. O amarelo servia para estimular a força e a coragem; o azul e o verde lhes davam apoio ancestral. Isso não se parece com uma prática das mulheres de hoje, que aplicam sua "pintura de guerra"? Lábios vermelhos convidam à vida; nos olhos, a sombra azul ou violeta dá a impressão de mistério. A beleza não está apenas à flor da pele. Ela depende de muitos aspectos do corpo total (soma). Influenciada pelas emoções e pelas condições físicas, a beleza é a vitrine que revela o verdadeiro ser interior.

Na primeira guerra mundial as cores foram utilizadas para tratamento da neurose de guerra. A cor também é reconhecida pela medicina em anti-sépticos e agentes curativos – por exemplo, a violeta de genciana, a cochonila (tintura rosa choque) e a acriflavina (amarelo).

Do ponto de vista científico, ao aplicarmos os óleos balanceados Aura-Soma nós estamos trabalhando com os comprimentos de onda das cores. Os raios invisíveis ultravioleta e infravermelho são recomendados na clínica médica ortodoxa. Sempre se aconselha, no entanto, que se tomem medidas de proteção quando se usa o ultravioleta pois a alta freqüência dos raios pode ser danosa. Os raios infravermelhos têm uma freqüência mais baixa do que a das luzes vermelhas e se manifestam como um calor radiante. Ao usar as cores por meio dos óleos balanceados, nós sincronizamos seus comprimentos de onda com os comprimentos de onda do eletromagnetismo do corpo. É uma terapia absolutamente segura, e por isso as valiosas vibrações da cor podem ser manipuladas por mãos de leigos.

A aura humana é um campo eletromagnético que pode ser visto pelos clarividentes como raios coloridos que emanam da espinha dorsal. Cientistas russos descobriram que há uma resposta fisiológica previsível quando as cores são aplicadas numa pessoa cega. Sempre se soube que, quando se perde um sentido, como a visão por exemplo, outro sentido se torna mais intensamente desenvolvido do que o normal. É através desse sentido – seja ele de vibração ou qualquer forma de sensação – que qualquer pessoa pode determinar suas cores de identidade (veja capítulo 16).

Atualmente, as auras estão se contraindo devido à poluição atmosférica, com repercussões físicas e mentais. Essas emanações podem de fato ser vistas por pessoas especialmente dotadas. Entretanto, qualquer pessoa é instintivamente dirigida para as cores de sua aura (pode ser uma ou várias) e dessa maneira pode reconhecer suas próprias necessidades. Os óleos balanceados Aura-Soma foram desenvolvidos justamente com essa finalidade.

Os óleos balanceados Aura-Soma aparentemente possuem uma mágica própria. Eles parecem estar associados às necessidades pessoais do indivíduo. Para alguns, seu poder é puramente visual. Para outros, os óleos atuam como um barômetro pessoal, refletindo, como um espelho, humores, situações e necessidades físicas do momento. É possível sentir as energias vitais sendo fornecidas quando há demanda. As qualidades camaleônicas dos óleos balanceados intrigam muitas pessoas.

Eu fiquei maravilhada um dia quando uma ex-paciente e usuária entusiasta de meus cremes e loções me telefonou e disse: – Srta. Wall, estou intrigada. Levei meu óleo amarelo sobre ouro comigo nas minhas férias, como sempre faço. Quando estava na Itália, tirei-o da minha mala e para minha surpresa o ouro se tornara verde!

– Acredito que você precisava de espaço – comentei.

Ela respondeu prontamente: – Eu concordo que precisava de espaço. Foi no dia em que a população se sentia muito revoltada com os ingleses. Nossos carros eram apedrejados e corriam o risco de serem virados. – Esse tipo de ocorrência desafia a explicação racional. O fato, porém, é que verdadeiramente ocorrem mudanças diante de determinadas situações.

Eis outro exemplo que, do ponto de vista racional, poderia parecer sem sentido (a que sentido, porém, estamos nos referindo?). Era hora do almoço. O telefone tocou. Uma entusiasta da Aura-Soma estava ligando de seu local de trabalho. Ela adorava tanto suas "jóias", como as chamava, que as lustrava todos os dias. – Aconteceu alguma coisa com meus frascos, Vicky. Eles estavam perfeitos meia hora atrás. Agora estão todos borbulhando loucamente. Eu nem sequer os toquei. O que isso significa?

Hesitei, sentindo-me vagamente apreensiva. Sem desejar alarmar minha amiga, subestimei o significado: – Parece que há algum tipo de perturbação em algum lugar. Simplesmente um dia para se estar alerta e tomar cuidado.

Ela pareceu satisfeita com a resposta, e retornei a meu almoço. Duas horas mais tarde ela voltou a telefonar.

– Pensei que seria melhor lhe contar. A polícia me telefonou para dizer que nossa casa foi assaltada. Um vizinho os avisou mas já era tarde, e os ladrões já tinham ido embora. Quando entrei na casa, descobri que eles tinham levado todos os nossos objetos de valor.

É interessante notar que os frascos não pararam de borbulhar enquanto os culpados – alguns jovens que ela conhecera – foram apanhados.

Margaret, com seus pés no chão e formação médica, achou difícil aceitar essa explicação para o fenômeno. O mesmo se deu comigo no começo. Mas depois Margaret observou em seus próprios frascos mudanças perceptíveis sempre que ela estava sob estresse ou em luta contra alguma infecção. Quando agitados, os óleos ficavam turvos, congestionados, sem qualquer sinal de suas normais bolhas brilhantes de energia. Depois que a infecção ou o estresse passava, seus óleos voltavam ao normal. Hoje Margaret está convencida de que a mudança é causada por uma resposta vibratória dentro dela própria.

Os óleos coloridos, que contêm essências e extratos vegetais em seus frascos cristalinos, parecem atuar como um "hidróscopo". Há tantas facetas assombrosas – fascinantes, misteriosas, inexplicáveis. Quando alguém segura um frasco de óleo balanceado, o desejo de se aprofundar se torna quase compulsivo. Muitos terapeutas da Aura-Soma os estão utilizando para fazer estudos profundos. Através dos óleos balanceados suas próprias consciências internas podem trabalhar e se relacionar. Dessa maneira, é um meio de diagnóstico num nível totalmente holístico que leva em consideração o corpo, a mente e o espírito. Eu sinto que uma de suas finalidades é servir como um sistema de alerta, avisando a pessoa envolvida para tomar medidas preventivas.

Aquelas pessoas sintonizadas com vibrações mais elevadas acham que há dentro das "jóias" da Aura-Soma um simbolismo onírico que pode ser interpretado. Desde os tempos mais remotos os sonhos sempre foram vistos como uma fonte de profecias. A interpretação dos sonhos sempre foi considerada da maior importância nos tempos bíblicos. A questão que se coloca é: como saber que um sonho é uma visão?

Um pergunta que faço repetidas vezes é: "Você sonha em preto-e-branco ou em cores?" Pesadelos, alguns dos quais são retrospectos no tempo, trazendo para o presente antigos medos, são quase sempre em preto-e-branco, atuando como um negativo do positivo. Sonhos coloridos geralmente dizem respeito ao momento imediato ou ao futuro. Lembrar de sonhos em preto-e-branco pode muito bem servir como um guia psicológico, talvez para ajudar o indivíduo a entender melhor os medos e dificuldades que se infiltram em seu "aqui e agora" e a aumentar o conhecimento mais profundo de si próprio. Para preencher sua finalidade e "tornar real" seu sonho uma pessoa deve estar verdadeiramente consciente de seu eu interior real desde que a alma iniciou sua jornada em espiral.

Visões, profecias, previsões de todos os tipos parecem vir em cores. Algumas referências à cor na Bíblia podem perfeitamente ter um significado mais profundo do que parece à primeira vista. Por exemplo, no Velho Testamento se lê sobre a roupa multicolorida dada por Jacó a seu filho José, um ato de tamanha importância que despertou inveja e ódio assassinos entre os irmãos de José. Seria o espectro de cores uma indicação de um presente especial e espiritual? Foi o mesmo José que mais tarde previu, nos sonhos do faraó sobre as sete espigas de milho dourado, que um depósito de milho deveria ser preparado no Egito para os sete anos de seca que se seguiriam.

16. Como usar os Óleos Balanceados

O sistema dos óleos balanceados Aura-Soma é simples de se aplicar. Os óleos funcionam através de todos os níveis do ser. No nível físico, funcionam através dos chakras, os círculos de energia que os clarividentes e praticantes de ioga conhecem bem. Se qualquer um dos chakras estiver sob estresse ou enfraquecido, surgem perturbações físicas, emocionais e às vezes psicológicas. Há um frasco de óleo balanceado específico para cada chakra. O óleo ajudará a restaurar o fluxo de energia dos órgãos, músculos e glândulas governados por aquele chakra. No próximo capítulo serão fornecidos detalhes completos sobre esses óleos. O sistema dos óleos balanceados atua não apenas como um barômetro das condições físicas e emocionais, mas também informa sobre fatos passados, presentes e futuros. Acima de tudo, os óleos balanceados fornecem uma imagem especular da alma, trazendo o conhecimento do verdadeiro eu que, uma vez revelado e compreendido, pode ser curado. Como eu gosto de dizer, a verdade é aquilo que se revela a uma pessoa quando se joga uma luz em sua direção.

E conhecereis a verdade, e a verdade vos libertará.
João 8:32

Antes de descrever em detalhes como se usam os frascos de óleos balanceados para diagnóstico e terapia, devo contar um incidente que ocorreu quando eu falava para um grupo de pessoas em Israel. Como de hábito, os óleos geraram grande interesse, e as pessoas chegaram a nos acompanhar até nosso hotel. Margaret e eu carregávamos estoques de óleos conosco, pois a essa altura sabíamos que aonde quer que fôssemos havia pedidos de ajuda – o ímã da cura atraía muitos.

Certo dia, mediante convite, encontramo-nos com um

grupo de curiosos na casa de uma pessoa interessada. Era uma multidão amigável e sociável. Alguns deles já tinham usado os óleos. Em tal amostragem da sociedade, inevitavelmente haveria alguém que "precisava medir". O homem, um cientista, achara que o óleo azul/verde tinha funcionado para ele. Tendo ouvido o que eu tinha a dizer, ele fez a pergunta que eu já ouvira tantas vezes: – Diga-me, qual é o segredo mágico? Eu sei que funciona, mas por quê? Qual é a composição dos óleos?

Havia um sinal de superioridade em sua voz e percebi que sua aura tinha um toque de marrom, que é geralmente indicação de alguém que tenta "sintonizar" exclusivamente através do intelecto, fato ao qual costumo me referir como "fazer uma abordagem marrom". O marrom literalmente coloria seu pensamento, mas eu percebi que sua vontade de compreender era legítima. Muitas vezes percebi, especialmente em almas sensíveis, que há um bloqueio interior a barrar o caminho para a completa satisfação. Elas ficam na margem e oscilam, incapazes de dar o passo decisivo. Sentem que sua segurança reside em seu intelecto mais que em sua intuição. É uma grande satisfação quando o bloqueio finalmente é removido e a pessoa sente surgir uma alma poderosa em pleno fluxo.

– Posso lhe dizer a composição – respondi. Num instante pude perceber no público todos os blocos de notas e canetas mentais prontas para anotar o que eu diria. Sorri interiormente. Essa informação era muito solicitada em qualquer reunião como aquela, pois a perspectiva de conhecer uma fórmula que era talvez comercialmente viável naturalmente provocava grande interesse.

– Posso lhe dizer a composição – repeti. – É muito simples.

Recuei mentalmente. Olhei fixamente para o homem que perguntava com amor e reconheci o verdadeiro homem que busca. Sua mulher o acompanhava, com seu filho e sua filha, uma família muito unida e amorosa. Sua mão repousava com afeto sobre o ombro da esposa e eles estavam intimamente ligados, como indicava a presença de um filho em cada um dos lados. A aura da mulher era quase idêntica à de seu marido, mas era sua variação feminina. Eles eram de fato almas afins. Eu me voltei em sua direção e sorri.

– Mas antes de lhe dizer isso, posso lhe dizer sua composição? Falemos de você, ou de sua esposa, seu filho, sua filha, amigos, todos têm a mesma composição física, e não há nada de mágico ou assombroso – a mesma quantidade de água, sangue, ossos, fibras, sais etc. Essa é a composição de todas as pessoas nessa sala. Mas por quem você se apaixonou quando ainda era jovem? Por um punhado de água, ossos e fibras? Não, você se apaixonou pela "verdadeira aura" de sua companheira, a alma, a essência que você reconheceu e à qual reagiu. E vocês não trouxeram cores para a vida um do outro? O corpo e sua composição são apenas o templo em que habita a alma eterna; é um envoltório da verdadeira harmonia da alma.

Ele inclinou a cabeça, concordando.

Eu prossegui: – É o que está além da composição que cria a mágica, e nesse nível o espelho do amor, do mesmo modo que na cura, se revela, e é você, sua alma, sua luz verdadeira que produz o milagre. – Ele agora me compreendia, assim como todos aqueles que nos cercavam.

Minha capacidade de ver as cores interiores das pessoas como uma representação de sua verdadeira personalidade me acompanha desde a infância, mas nunca conversara sobre minha capacidade de ver a aura com Margaret ou com qualquer outra pessoa. Margaret sempre considerou minha habilidade para reconhecer a pessoa real por trás da pessoa que se apresentava num primeiro contato como um dom natural de discernimento, descrito na Bíblia por São Paulo. Costumava ser de grande ajuda quando contratávamos empregados para a clínica, e Margaret aprendeu a confiar em meu julgamento instintivo.

Por meio de muita observação das pessoas que visitavam nosso estande nas primeiras exposições de que participamos, descobri que as pessoas captavam intuitivamente a cor de sua aura através do "olhar interior" e era quase sempre a primeira cor de óleo balanceado que a pessoa escolhia. Parecia que quando estava diante da gama de cores dos óleos balanceados – os espelhos – cada pessoa selecionava seu próprio e autêntico reflexo. Assim, está claro que o conhecimento da aura é latente em todas as pessoas. Na verdade, isso não é surpreendente. Afinal, temos todos estado "conosco mesmos" desde o início dos tempos, e portanto sabemos mais sobre nós mesmos do que qualquer outra pessoa, embora isso possa ocorrer num nível inconsciente. Instintivamente, cada um de nós escolhe a cor de sua própria aura e intuitivamente sabe de que seu corpo tem necessidade.

Mesmo a criança que apresenta um alto grau de retardamento mental é capaz de escolher sua cor de aura. Para mim é realmente maravilhoso que tal criança, incapaz até mesmo de pronunciar o próprio nome, possa encontrar sua identidade no mundo maravilhoso da cor e da luz de onde originalmente proveio. Em algum lugar no interior dessa criança retardada está a luz da memória, que não se modificou desde o início dos tempos, e essa é uma maneira de entrar em contato com essa criança.

Percebi que em relacionamentos harmoniosos, um parceiro sempre escolhia a mesma cor ou uma das cores escolhidas pelo outro parceiro. Isso também se aplicava às crianças. No caso de gêmeos, escolhiam as mesmas cores, embora nenhum deles soubesse com antecedência qual tinha sido a escolha do outro.

Para iniciar uma consulta, pede-se ao paciente que escolha quatro frascos de óleos balanceados com o mínimo possível de preconceito. A escolha dos frascos indica a história da pessoa, o modelo a partir do qual ela evoluiu.

O primeiro frasco escolhido é a representação da alma até onde a consciência presente da pessoa pode percebê-la. Mostra o potencial, o objetivo vital e a lição de vida, a verdadeira aura.

O segundo frasco indica os problemas que têm de ser superados e geralmente mostra o processo de evolução.

O terceiro frasco é o "aqui e agora" em relação ao potencial do objetivo da alma de uma pessoa.

O quarto frasco mais uma vez mostra a situação presente mas em relação às energias que se movem em nossa direção a partir do futuro.

Os frascos escolhidos em segundo e em terceiro lugar em geral se relacionam às condições físicas e mentais da pessoa. A quarta escolha está associada às tendências com possibilidade de surgir. O quarto frasco deve mostrar uma das cores do primeiro frasco seja em variação ou sutileza. A falta de combinação entre o primeiro e o último frasco pode indicar um foco de resistência. A última escolha é a "chave" que abre os portões para o pleno conhecimento e a cura da pessoa. A chave é o que correlaciona o passado com o presente.

Depois de discutir o código de cores, ou sua interpretação, com o paciente, teremos liberado alguns dos níveis emocionais e espirituais que o simbolismo das cores revelou.

Nesse ponto o paciente deve agitar os frascos de forma bastante vigorosa. Deve-se então notar se as bolhas são pequenas e ativas e se a atividade permanece plena por um período pelo menos suficiente para se contar até seis antes que as duas camadas comecem a se separar novamente. Se isso ocorrer, geralmente é indicação de boa energia, a não ser que as bolhas formem uma massa, o que pode indicar estagnação da energia, um sentimento de "clausura".

O que acontece é que os campos de energia do paciente estão dispondo ondas minúsculas de vibração dentro dos óleos do frasco. Esses óleos são altamente sensíveis, "vivos" pode-se dizer, e refletem o estado do campo magnético do paciente ou de sua força vital. Uma pessoa saudável produz bolhas que logo se assentam – embora não muito rapidamente – para recompor as duas camadas. Uma pessoa pouco saudável, ou alguém a quem falte harmonia, produz um efeito de turvamento que leva algum tempo para clarear.

Se, após o começo, as bolhas que permanecerem se tornarem grandes e com aros a sua volta, há indicação de tumulto e perturbação, uma situação de "apertem os cintos de segurança". Se lhe ocorrer isso, você precisa de paz, querido leitor, e do óleo balanceado todo azul, o frasco "da paz" pode lhe trazer isso (veja na página 129).

A leitura se faz em três níveis.

O primeiro nível é o da ***alma ou do espírito***.

- *O primeiro frasco* representa a aura do paciente e seu verdadeiro objetivo e potencial.
- *O segundo frasco* mostra o progresso da alma ao longo do tempo – o ponto médio da evolução da alma em direção ao presente.
- *O terceiro frasco* mostra o ponto presente no desenvolvimento da alma em direção a seu objetivo.
- *O quarto frasco* indica as energias que vêm do futuro e que se movem em direção à realização do potencial da alma.

O segundo nível de leitura é ***mental/emocional***.

- *O primeiro frasco* agora representa o subconsciente na fração inferior e a mente consciente na fração superior.
- *O segundo frasco* indica os principais problemas emocionais e mentais que existem entre aqueles que a pessoa trouxe quando veio ao mundo e aqueles com que a pessoa lida no momento presente.
- *O terceiro frasco* mostra a situação emocional presente na fração superior e a situação emocional passada na fração inferior.
- *O quarto frasco* se refere ao provável resultado emocional/mental da situação presente e às energias que se movem em direção ao paciente.

O terceiro nível é o ***físico***. Tome cada um dos frascos agora como um corpo, com a fração inferior representando a parte inferior do tronco e as pernas, e a fração superior representando a parte superior do tronco, os braços e a cabeça. O segundo frasco agora é tomado pelo paciente em sua mão esquerda e segurado com a tampa entre o indicador e o dedo médio, e o polegar sob o frasco, apoiando seu peso. O frasco é então agitado vigorosamente até se contar até seis e devolvido para o terapeuta. Isso permite que as vibrações do paciente penetrem nos fluidos contidos no frasco, alimentando-os, assim, com informação que o terapeuta interpreta por meio das bolhas, curvas e estrias que se formam. Isso, somado aos fatores causais já detectados nos níveis espiritual e mental/emocional, permite interpretar a situação física.

Qualquer um dos quatro frascos pode ser agitado, mas o segundo em geral é escolhido pois indica os fatores causais que levam ao presente, e portanto mostram mais profundidade e visão interior do que o terceiro, que representa o presente. O primeiro mostra as condições físicas no início da vida e o quarto indica as tendências físicas no futuro.

Assim, há uma completa imagem daquilo que está dentro de você nas variações e combinações dos frascos escolhidos. Sua intuição deve ser seu guia nessa interpretação.

Voltemos por um instante ao quarto frasco escolhido, que foi chamado de "chave". Tantas pessoas nos procuram para pedir ajuda, desejando libertar-se e curar-se, mas ainda assim há neles um lugar secreto, um foco de resistência para o qual não vão olhar nem tocar. É nessa esfera que a "chave" cumpre seu mais importante papel, pois quando a chave pode ser girada, o processo holístico de cura é colocado em movimento. Isso normalmente provoca a explosão de uma terapia de lágrimas. Em momentos como esse podemos ter certeza de que a cura teve início.

Em uma de minhas visitas à Dinamarca, tive uma sessão

com um círculo de praticantes de cura na casa de nossa anfitriã, Annemaria. Ela forneceu pequenas velas para todos. Uma vela acesa foi colocada num castiçal e entregue a mim. Eu fiquei no centro do círculo. Um a um, em silêncio, eles vieram acender suas pequenas velas na minha e então reassumiram seus lugares. As luzes tinham sido apagadas e o círculo a minha volta estava iluminado pela suave luz das velas. Podia-se ouvir as asas dos anjos.

Havia muitas pessoas ali, algumas desejosas de curar e outras em busca de cura para si. Uma querida senhora numa cadeira-de-rodas também segurava uma vela, e muitas crianças estavam ali, com seus rostinhos literalmente brilhantes sob a luz das velas.

Parada ali, na penumbra, subitamente me lembrei das palavras: "Venham a mim as criancinhas." Naquele momento, toda uma família estava reunida no amor, onde antes havia amargura e quase ódio. Mãe e filha finalmente se abraçaram e começaram a soluçar abertamente. Beijei as lágrimas sobre seus rostos, dividindo com elas sua cura. Sentindo o gosto de sal em meus lábios, eu soube então por que as lágrimas são salgadas. Elas são a substância purificadora do próprio Deus, que vem do coração, da alma; o puro sal da compaixão e do amor redescoberto que, ao fluir, traz cura e restauração.

A porta para toda cura é a dedicação e a chave que abre essa porta é o amor.

Uma das maneiras de se usar os óleos balanceados para descobrir que parte do corpo do paciente está doente é a seguinte.

O terapeuta toma o segundo frasco escolhido e o agita diante de diferentes pontos da superfície do corpo do paciente, dentro da região da aura. A informação sobre os vários órgãos é obtida pela observação das duas camadas que podem se refazer rapidamente ou os óleos podem permanecer opacos.

O médico capaz de diagnosticar mas não de prescrever o remédio seria inútil. A partir desse ponto, o terapeuta, depois de acumular evidências e decidir qual é o problema, usa a intuição que está latente em todas as pessoas e dá prosseguimento a seu trabalho de aconselhar, reequilibrar e curar holisticamente.

O tratamento recomendado ao paciente tende a incluir a absorção da cor da energia vital de seu próprio óleo balanceado a intervalos regulares. Pode ser aplicado na pele sobre a região afetada (simplesmente agite o frasco para misturar as duas porções de cores antes de esfregá-la na pele). Os óleos balanceados também mostrarão seus efeitos terapêuticos quando o paciente olhar para eles, ou até simplesmente ficar perto deles.

Olhar para cartões coloridos, paredes pintadas ou qualquer objeto inanimado não terá o mesmo efeito positivo. As cores precisam ser cores vivas; a luz carrega a cor e trabalha sobre a luz interior. Elas se relacionam, comprimento de onda sobre comprimento de onda.

As combinações dos óleos balanceados mais usadas para tratar de doenças e sintomas específicos se detalham nos próximos dois capítulos.

Para encerrar este capítulo, gostaria de lhes falar sobre algo que ocorreu comigo e que comprova o efeito energizante que os óleos balanceados podem ter.

Certo Natal eu estava me sentindo como a própria morte ligeiramente aquecida. O clima estava muito frio e, assim, eu não podia sair para minha caminhada habitual. Em lugar disso, para me exercitar, usei a bicicleta ergométrica que mantenho no quarto onde fica a coleção de frascos de óleos balanceados. Eu estava pedalando como louca e me sentindo totalmente exausta. Aconteceu então que eu acendi a luz. E sabe, minhas energias retornaram e eu consegui voltar a pedalar.

Pensei, que engraçado! O que me trouxe essa energia? Então me dei conta. Sua boba! São seus próprios frascos! Eles estão te reabastecendo.

17. Os chakras

O corpo humano é comumente comparado a uma pequena e ativa fábrica com seus depósitos. As células de nosso corpo são unidades de produção ocupadas em fornecer os materiais necessários para a harmonia e a saúde. Há também unidades de despejo de lixo e substâncias indesejáveis, que atuam como estações de limpeza. O Criador projetou nosso corpo como um conjunto capaz de se auto-regenerar e autocurar. Como as partes de um automóvel, porém, as unidades exigem manutenção. E se um dos órgãos é exigido em demasia, os depósitos ficam desabastecidos e não conseguem suportar a sobrecarga. É quando a terapia de cores Aura-Soma entra em ação e busca recuperar o equilíbrio entre oferta e demanda. Quando o depósito se esvazia, é preciso reabastecê-lo. O trabalho da Aura-Soma, no entanto, não termina aí, e embora procuremos satisfazer àqueles "que precisam medir", também devemos nos lembrar dos aspectos espirituais e mentais, e de que estamos lidando com energias vivas.

A ioga e outros ensinamentos orientais afirmam que o corpo humano é uma grande coluna de energia em movimento formada de três grandes canais, que vão do topo da cabeça até a base da espinha. Nos pontos de interseção dos canais formam-se círculos ou centros de energia denominados chakras. A palavra "chakra" em sânscrito significa literalmente roda ou círculo. Imagine então sete chakras vitais, localizados exatamente na parte frontal da coluna vertebral. Eles são a essência da aura, e para garantir que as energias fluam em harmonia, que a totalidade do ser – mente, corpo, espírito – esteja "em sintonia", cada chakra deve estar completamente aberto e em equilíbrio. O trabalho da Aura-Soma começa aqui.

É tão simples que é simplesmente espantoso. Funciona sobre os mesmos princípios do ato de sintonizar um equipamento sem fio ou um aparelho de televisão. Cada chakra governa uma área específica do corpo. Quando se aplica a cor apropriada, cujo comprimento de onda é a chave do chakra que necessita de ajuda, o comprimento de onda enfraquecido é reforçado. Assim ajudamos a colocar em movimento os processos regeneradores e curativos no interior das próprias células do corpo. É apenas uma questão de oferta e procura e um reequilíbrio do corpo.

Bem-estar é estar bem equilibrado.

Tabela

Cor	Chakra e área do corpo	Influências e efeitos
Violeta	Coroa/Topo da Çabeça	Calmante espiritual. Anti inflamatório.
Azul anil	Testa/Glândula pineal	Inspiração e intuição. Anti inflamatório.
Azul	Garganta/Base do Crânio	Comunicação (física e espiritual). Promove Tranqüilidade. Anti inflamatório.
Verde	Coração/Pulmão	Criador de espaço, promotor de harmonia. Ajuda a tomar decisões. Eficaz para o estado físico e emocional do coração. Melhora o estado dos pulmões.
Amarelo	Plexo Solar/Estômago/ Fígado/Vesícula/Baço	A luz do conhecimento. Fortalece os sistemas hormonal e nervoso. Auxilia no trato digestivo. Relaxante muscular.
Laranja	Umbigo/Rins/ Abdome/Região lombar	Absorvente de choques passados e presentes. Fortalece o corpo etérico. Purifica a aura. Auxilia em estados de baixa atividade no abdome.

Tabela (Continuação)

Cor	Chakra e área do corpo	Influências e efeitos
Vermelho	Base da espinha/ órgãos da reprodução	Para a base espiritual. Traz vitalidade. Estimula nos estados de baixa atividade, p.ex. circulação lenta, músculos enfraquecidos, inatividade intestinal, impotência e frigidez.

A Tabela, acima, e o quadro Aura-Soma dos chakras no capítulo 17 ilustração 10 mostram as cores que funcionam como chaves para os vários chakras. Na terapia dos óleos balanceados Aura-Soma, contudo, descobriu-se que as combinações mais eficazes não são em geral os óleos de apenas uma cor, mas aqueles nos quais uma cor próxima dessa na seqüência faz parte da combinação. Por exemplo, ao invés de todo-vermelho (B6), normalmente se recomenda amarelo/vermelho (B5). O conjunto completo dos frascos ligados aos chakras (Chakras-Set) consiste dos seguintes óleos balanceados:

Amarelo/Vermelho (B5)	chakra da base
Laranja/Laranja (B26)	chakra do umbigo
Amarelo/Ouro (B4)	chakra do plexo solar
Azul/Verde (B3)	chakra do coração
Azul/Azul (B2)	chakra da garganta
Azul/Carmim (B1)	"Resgate" (chakra da cabeça)
Azul/Rosa (B20)	"Resgate" para crianças – uma versão suave do azul/carmim para proteção contra traumas emocionais*

Os frascos todo-vermelho e todo-verde às vezes são a melhor escolha em circunstâncias específicas, e para certas pessoas, e por isso se incluem neste capítulo.

* A palavra chave desse frasco é "Cura para a nossa criança interior" e tem portanto um lugar certo no Chakra-Set para adultos.

O comprimento de onda de cada cor do espectro foi determinado por cientistas. Eles descobriram que, surpreendentemente, a cor mais energizante, o vermelho, é a que possui a taxa de vibração mais baixa dentre todas as cores.

O vermelho está associado ao chakra da base e aos órgãos da reprodução. É a energia de atração da terra. Na Bíblia, fala-se no sangue como se fosse a própria vida da pessoa, o que de fato assim é. O vermelho é uma cor básica ligada às emoções básicas: amor – rosas vermelhas; raiva – vermelho de raiva; virilidade – todas elas emoções que geram ação. O vermelho é a cor que diz "levante-se e vá à luta." Para conseguir realizar coisas é muito importante ter um bom suprimento desse tipo de energia. O vermelho aparece com predominância ao lado de líderes em qualquer área da vida. Acredito que alguns astrólogos associam a cor a Marte e a Vênus.

Energias enfraquecidas são quase sempre interpretadas como falta de vibrações vermelhas na composição da pessoa e podem indicar falta de ferro e de certos elementos essenciais.

O vermelho é sempre considerado como um sinal de perigo e denota emergência. Considerando isso, eu recomendo a combinação todo-vermelho do óleo balanceado Aura-soma para energização imediata, para ser aplicado apenas nos pés. No nível espiritual, o vermelho deve ser sempre usado depois da ioga, da meditação e de sessões de cura como uma cor básica para repor a energia de ação. Nesse ponto, eu gostaria de mais uma vez citar as palavras de meu querido pai: "Cuidado para não se tornar muito celestial, pois você pode acabar se tornando inútil na terra." Manter-se ligado à terra é essencial para todos que estejam elevando suas vibrações, seja qual for o meio adotado. Em outros termos: – Mantenha seus pés no chão!

A combinação todo-vermelho deve ser tratada com grande respeito. Não é recomendável aplicá-la acima da cintura. Pode despertar amor, mas tenha cuidado, pois pode ser apenas do tipo físico; o amarelo é quase sempre necessário para dar equilíbrio.

> **Vermelho-sobre-Vermelho (B6)** é útil nos seguintes estados:
>
> - anemia perniciosa
> - impotência
> - frieiras
> - câimbras musculares
> - falta de energia/calores

***

Você vai reparar no quadro Aura-Soma de chakras no capítulo 17 ilustração 10 que na região dos genitais eu inseri uma área rosa dentro da área vermelha. O vermelho está relacionado com a paixão. Quando a paixão se desgasta, a compaixão intervém. O rosa é a cor do amor incondicional, que é aquele de que o mundo mais precisa – as plantas, os animais e o ser humano. A ordem, portanto, é "Pense rosa". Quando amamos incondicionalmente, tudo o que é básico é transmutado em algo muito mais profundo, grandioso.

Achamos que o rosa tem grande relevância no processo de cura e que literalmente origina-se do útero; funciona de forma excelente em todos os problemas do útero e doenças femininas. Em tempos tão liberais, os homens podem demonstrar a dualidade de sua natureza e não são obrigados a mostrar uma imagem totalmente masculina. O rosa pode representar o reconhecimento disso, de que eles não são totalmente masculinos, homens, mas também "ho-mães".

Há muita violência hoje em dia, nas frustrações que não se expressam, mas o rosa pode desempenhar um importante papel no contra-ataque para superar essa situação. Um professor suíço que participou de um de meus seminários na Dinamarca me contou que a luz cor-de-rosa pode acalmar qualquer tipo de agressividade.

Parece que, na prisão de St. Quentin, nos Estados Unidos, quando os homens se tornam agressivos e inquietos, imensas luzes rosa acendem-se e após algum tempo eles se acalmam. Ouvi recentemente que no presídio Hull, em Humberside, uma cela foi pintada de cor-de-rosa como parte de um experimento. Prisioneiros especialmente violentos foram colocados nessa cela e em poucos minutos se acalmaram. Oficiais do presídio se impressionaram com um dos casos, em que um prisioneiro difícil até se desculpou – um fato inédito! Foi tamanho o sucesso desse experimento que soubemos de outros presídios nos quais a adoção do mesmo método está sendo estudada.

A combinação amarelo/vermelho (B5) é cuidadosamente equilibrada: traz sabedoria com energia, ameniza o apetite sexual e dá qualidade ao amor. Também é útil quando o "levante-se e vá à luta" se transforma em "levantei-me e fui à luta", um sentimento que muitas pessoas já sentiram e podem entender. Essa combinação pode ser aplicada sem perigo até a altura da cintura. Pode ajudar em todos os estados de baixa atividade, como constipação, impotência e circulação lenta, pois tem ação estimulante. Chamamos essa bela combinação de frasco do "pôr-do-sol".

Um caso engraçado aconteceu numa das exposições de que participamos, referente a esse óleo especificamente. Ao explicar a um grupo sua utilidade e seu potencial, mencionei sua capacidade estimulante e o efeito afrodisíaco da essência especial do ilangue-ilangue (*Cananda Odorata*) que contém. Um homem se aproximou de mim discretamente.

– Vou levar uma dessas – disse ele, me dando o dinheiro.

Entreguei-lhe o frasco. Nesse instante sua esposa, que estava no estande do outro lado, se aproximou. Ao ver o frasco que seu marido estava segurando e tendo ouvido apenas parte da explicação prévia, ela exclamou prontamente: – Você não quer isso, Alf.

Alf segurou o frasco com determinação. Seguiu-se uma

rápida troca de palavras. A mulher, então, voltou-se para mim: – O que você disse que isso fazia, querida?

– Querida, – respondi com um sorriso – isso dá virilidade.

– Oh – disse ela, parecendo aliviada. – Tudo bem, Alf, pode levar seu frasco. Pensei que ela tinha dito fertilidade.

As pessoas ao redor riram. Alf ficou meio ruborizado, mas foi embora contente com seu precioso frasco.

O texto que se segue foi escrito pela terapeuta Aura-Soma e cirurgiã-dentista Anne Cannock.

Vicky disse: "Olhe para dentro do frasco e deixe que ele lhe fale." Assim fiz.

Óleo amarelo/vermelho, o frasco do "nascer do sol", para a terra com sabedoria.

É a estrela-de-ouro-amarelo, a flor do conhecimento espiritual trazida para a terra. É o conhecimento trazido para nutrir o nível do plexo solar, no qual corpo, mente e espírito se unem para produzir energia, vida e força para o aqui e agora.

É o frasco do "nascer do sol" da Nova Era e do "Novo Você", que nasce em toda a sua glória para a consciência de seu próprio ser.

Um frasco de confiança na poderosa energia dirigida pela sabedoria interna. Para trazer à tona o potencial escondido e deixar seu verdadeiro eu se manifestar.

Assim como a combinação todo-vermelho, esse óleo é um regenerador, para trazer energia e também para exteriorizar o amor, mas não apenas no aspecto físico, pois é equilibrado pelo amarelo.

É o frasco do "Eu sou", para alguém que necessita de energia e sabedoria a fim de encontrar sua verdadeira identidade, e para a pessoa cuja mente consciente tende a dominar sua "orientação interior", que é a intuição. Pode ser útil para alguém que necessita do óleo todo-verde ou do frasco azul "da paz".

Eu sou tudo que sou
Um com a mente universal
Um com a fonte de toda a vida
Eu sou um com todas as formas de vida
E elas são uma comigo
Eu sou amor, eu sou vida, eu sou paz
... Eu sou.

Amarelo-sobre-Vermelho (B5) é bom para disfunções e dores nas seguintes áreas:

- pés
- pernas
- órgãos da reprodução
- vesícula
- intestinos
- qualquer parte do corpo em baixa atividade.

Auxilia nos seguintes estados:

- impotência
- menstruação dolorosa
- menstruação pouco ativa
- infertilidade
- constipação

***

Outra combinação ligada aos chakras é o frasco todo-laranja (B26), indicado para problemas intestinais. É o absorvente de choques do sistema. Fobias e medos, como a agorafobia, a claustrofobia e distúrbios psicológicos profundos, escondidos nos recantos mais obscuros da memória, todos eles reagem bem a esse maravilhoso óleo. O coração também pode ser afetado pela fobia ou pelo choque, mas, num nível puramente físico, é nos intestinos que se manifestam os distúrbios. Desse fato se origina a expressão usada em inglês para descrever um homem corajoso, quando se diz literalmente que "tem tripas" ("he has guts").

O laranja atua sobre a área adrenal, as glândulas supra-renais, e desse modo é fácil concluir que tem utilidade depois de operações cirúrgicas, acidentes graves, colapsos nervosos ou em qualquer caso de choque. Desportistas utilizam muito essa cor, pois sua necessidade de adrenalina é especialmente alta.

Todos os "óleos balanceados" devem ser aplicados ao redor de toda a faixa do corpo para a qual é recomendado. O laranja tem relação com as áreas situadas logo acima dos órgãos da reprodução e abaixo do umbigo.

Sempre me refiro a essa cor, do ponto de vista espiritual, como o frasco "Humpty Dumpty". Na página 220, menciona-se um esvaziamento etérico que ocorre em estados de choque. Muitas e muitas vezes percebi o deslocamento da "aura verdadeira" para a periferia do corpo, que é a via alternativa proporcionada pelo etérico (o éter que circunda o corpo) na qual a centelha divina pode abrigar-se até a chegada de ajuda e da cura. Nesse esvaziamento etérico pode haver perda de energia. É comum o leigo se referir a isso sem perceber, quando diz que, desde que esse ou aquele fato aconteceu, ele passou a se sentir desorientado, e física e mentalmente incapaz de "recompor as partes" – uma verdadeira situação Humpty Dumpty.

Humpty Dumpty sobre o muro sentou
Caiu lá de cima e se espatifou.
Não há cavaleiro ou soldado do rei
*Que possa deixar Humpty inteiro outra vez.**

Esse estado pode existir e se prolongar indefinidamente, com profundos distúrbios internos que dão lugar ao surgimento de manifestações físicas e disfunções "inexplicáveis". Muitos terapeutas perceberam que a combinação laranja aplicada na periferia do corpo apresenta bons resultados. É sempre uma grande satisfação quando Humpty Dumpty consegue recompor seus pedaços.

---

* Nos países onde se fala inglês todas as crianças conhecem esse verso:

Humpty Dumpty sat on a wall
Humpty Dumpty had a great fall.
All the King's horses and all King's men
Could not put Humpty together again.

Laranja-sobre-Laranja (B26) é muito útil antes e depois de operações cirúrgicas. É bom também para o seguinte:

- depressão nervosa
- medos reprimidos
- choques etéricos
- desorientação
- problemas de tireóide e outros desequilíbrios hormonais
- acidentes
- músculos tensos
- agressões
- problemas de pele
- problemas digestivos.

***

Passemos agora para o ponto um pouco acima, para o chakra do plexo solar, o cruzamento das vias do sistema nervoso autônomo, quando entra em cena a combinação amarelo/ouro (B4). Por ser fisicamente associada não só a esse centro nervoso mas também aos órgãos digestivos, aplica-se muito bem em vários casos de problemas estomacais ou digestivos de origem aparentemente emocional (causada por estresse ou tensão nervosa), como dispepsia, anorexia nervosa e bulimia. O óleo serve para restabelecer a harmonia de todos os órgãos interligados do aparelho digestivo, ajudando-os a funcionar com maior eficiência.

Muitas doenças de pele têm origem nervosa e reagem à combinação amarelo/ouro, que chamamos o frasco da "luz do sol".

Do ponto de vista mental, o frasco da "luz do sol" dá às pessoas suporte psicológico. Traz a promessa da primavera, da renovação da vida, de um novo começo. É a luz do sol de que tanto precisamos quando o inverno finda, durante a convalescença ou quando os nervos estão fracos. Existe um desejo inato pela luz do sol e pela restauração das energias luminosas na primavera. As pessoas de repente começam a emular o branco da luz e o amarelo e o ouro do sol em suas roupas de verão.

Uma das primeiras reações que nos foram relatadas foi a de uma pessoa que estava usando o óleo amarelo/ouro para problemas digestivos. Ela estava encantada porque o óleo não só auxiliou nesses problemas, mas também, como reparou, seus incômodos calores pós-menopausa tinham diminuído de forma considerável. Essa e outras evidências sugerem que o óleo amarelo/ouro é um eficaz restaurador do equilíbrio hormonal.

É uma combinação poderosa, que trata não só os distúrbios digestivos, hormonais e doenças de pele, mas também problemas musculares. Pode-se entender melhor sua ação como relaxante muscular quando se pensa nas reações automáticas do corpo, em momentos de nervosismo e medo. A tensão dos músculos é perceptível. Os lábios se cerram, as mandíbulas se contraem e todo o corpo se retesa no esforço destinado a conter o nervosismo interior. Como homens primitivos, nos preparamos para lutar ou fugir. É de se supor que, aliviada a tensão nervosa, o corpo possa recuperar sua tonicidade muscular normal. Fisioterapeutas acham esse óleo excelente para massagens em geral e de grande ajuda especialmente nos casos crônicos. Desportistas gostam de usá-lo como óleo muscular, antes e depois das atividades físicas.

No nível espiritual, a propagação do ouro pode às vezes ser vista fisicamente ao redor da "aura verdadeira". Esse é o sinal da alma antiga, altamente evoluída, do líder espiritual, do mestre e professor. O desenvolvimento espiritual máximo é representado na arte sacra como uma auréola dourada, que é simplesmente o eco etérico de uma aura totalmente dourada. Esse mesmo ouro está presente mas se confunde com o azul quando está havendo um "vôo áurico", que ocorre imediatamente antes da passagem da alma para a continuidade da vida (veja capítulo 25).

O chakra do coração, adjacente ao do plexo solar, é nosso próximo tema: o centro receptor, o centro emocional do ser. O óleo recomendado nesse caso é o azul/verde

(B3). Separadamente, o verde parece uma esmeralda pura e, ao agitar-se o frasco, a cor transforma-se no lindo verde do jade chinês. Verde é o provedor natural de espaço para que a alma possa se espalhar. É o polarizador e centralizador do ser; traz a consciência das verdadeiras necessidades e, conseqüentemente a capacidade de decidir e agir.

Amarelo sobre Ouro (B4) é benéfico para os seguintes estados:

- indigestão
- flatulência
- náusea
- hérnia de hiato
- diverticulite
- diabetes
- distúrbios da menopausa
- reumatismo crônico
- artrite
- anorexia
- dislexia
- medos e fobias

***

Quando sentem que estão fechadas em si mesmas, as pessoas têm a sensação de que caíram numa armadilha e que estão presas às circunstâncias e indecisões. Nessa situação, meu sábio pai recomendaria: "Vá abraçar uma árvore. Ache uma velha e sábia árvore na qual a seiva esteja em harmonia e os galhos estejam elevados para o céu numa bênção perpétua."

O verde auxilia nos casos de necessidade de espaço.

Já ouvi as pessoas mais materialistas afirmarem que o verde também é um indutor de ganhos materiais. Não vou fazer nenhum comentário nesse nível mas posso admitir que quando uma pessoa sabe aonde vai e com quem, o que é e quem é, reconhecendo em si própria a presença verdadeira de Deus, ela será capaz de emitir os sinais certos e atrair aquilo de que necessita.

Fisicamente o efeito do azul/verde no chakra do coração é fornecer tranqüilidade e espaço. Pessoalmente, acho essa combinação excelente para a angina. Uma possível explicação pode residir no fato de, como se mencionou, ela é uma abertura, um meio para atenuar situações de estreitamento, categoria na qual a angina de peito pode se encaixar.

Na região deste chakra ficam os pulmões. Asmas e bronquites também reagem aos mesmos princípios relaxantes. A inclusão do azul na combinação tem um objetivo específico. O azul, é claro, está diretamente relacionado com o chakra da garganta e é fácil reconhecer a relação entre as emoções do coração e os problemas de garganta, a que comumente as pessoas se referem ao dizer que estão "engasgadas". Também as tosses residuais parecem melhorar com as propriedades descongestionantes do azul/verde.

Qualquer teoria pode sempre ser questionada quando vista sob um ponto de vista materialista, mas há uma afirmação conclusiva que eu gosto de mencionar. Trata-se do homem cego que depois de curado ouvia sempre a pergunta sobre o método empregado em sua cura. – Eu não sei – ele disse, várias vezes. – Mas uma coisa eu sei: eu era cego e agora posso ver.

Nas questões do coração, a combinação azul/verde parece trabalhar muito bem, abrindo espaço para as emoções certas e garantindo a paz interior. Essa combinação também traz benefícios em casos de depressão provocada por um motivo determinado. (Esse tipo de depressão não deve ser confundido com a depressão nervosa, que tem base em medos mais do que em fatos e para a qual a combinação amarelo/ouro apresenta melhores resultados.) Divórcios em andamento, relacionamentos rompidos, fracasso na vida profissional são algumas causas comuns de depressão. A depressão da menopausa é provocada pela súbita consciência de uma virada na vida, quando uma mulher percebe que, ocupada em cuidar das crianças e dos pais idosos, não dedicou nenhum tempo ao desenvolvimento de seu próprio potencial.

Como já mencionei no capítulo 14, eu vejo muito azul e verde nas auras dos seres de Atlântida, assim como nos pássaros marinhos, golfinhos e outros mamíferos que vivem no mar. Há uma grande semelhança com os pássaros da terra, mas nesse caso o azul se torna turquesa.

Vou contar algo interessante que observei há muitos anos, durante meu tempo de "parar e contemplar". Os estorninhos chilreavam em grande agitação sobre o gramado. Percebi a silhueta de um deles, solitário como uma sentinela silenciosa, num carvalho mais distante. Os primeiros sinais do inverno estavam no ar. Era grande a excitação entre os pássaros, centenas deles. Suas auras de cor azul/verde cintilavam. Com espanto, ao olhar novamente para o pássaro solitário, percebi que sua aura diferia da dos outros. Atravessava o centro de sua aura um raio dourado que não se via em nenhum outro pássaro. Como se tivesse sido dado um sinal, o bando todo voou diretamente para a grande árvore, rodeando completamente o pássaro que eu observara. Os ramos das árvores pendiam com o peso dos pássaros. O chilreio se intensificou, e eram, sem dúvida, instruções de última hora para os mais jovens, além de uma troca de amabilidades. Em seguida, meu pássaro solitário se elevou no ar e foi seguido pela massa de companheiros a seu redor, e todos se foram.

Depois disso passei a observar cuidadosamente bandos de pássaros, e reparei que havia sempre um pássaro com um raio dourado na aura, e esse era sempre o que liderava todos os outros. Recentemente, sentada à janela, enquanto ditava esse livro para Ann Whithear, percebi várias pequenas auras azuis e verdes nas redondezas. Piados tristes anunciavam gaivotas que vinham para a terra devido a tempestades e quedas de temperatura. Notei o raio dourado numa delas. Comentei sobre isso com Ann, que estava ocupada escrevendo.

– Aquela vai partir primeiro e as outras vão segui-la – eu disse.

Ann ficou imediatamente interessada no que eu tinha a dizer. – Vamos registrar isso – disse ela, e o fizemos.

Ilustração 1. *Vicky Wall*

Ilustração 2. *O pai e a madrasta de Vicky Wall*

Ilustração 3. *O cachorro "astral"* *(v. pág. 216)*

Ilustração 4. *Margaret Cockbain, Vicky Wall, Mike Booth*

Ilustração 5. *Aura-Soma, Dev Aura*

Ilustração 6. *Chakra-Set (conjunto completo dos frascos de Óleos Balanceados ligados aos Chakras)*

Ilustração 7. *Quinta-Essências Mestres, nas duas prateleiras superiores, e Pomânderes, nas inferiores*

#0 azul royal
sobre magenta púrpura
Resgate espiritual

#1 azul sobre
magenta púrpura
Resgate físico

#2 azul sobre azul
Paz

#3 azul sobre verde
Atlântida
Frasco do coração

#4 amarelo sobre ouro
Frasco do sol/Luz do sol

#5 amarelo
sobre vermelho
Nascer do sol/Pôr-do-sol

#6 vermelho
sobre vermelho
Frasco da energia

#7 amarelo sobre verde
Jardim de Getsêmane

#8 amarelo sobre azul
Anubis

#9 turquesa sobre verde
Gruta de cristal
Coração dentro do coração

#10 verde sobre verde
Vá abraçar uma árvore

#11 cristalino sobre rosa
Uma corrente de flores
Frasco Essênio I

#12 cristalino sobre azul
Paz na Nova Era

#13 cristalino sobre verde
Mudança na Nova Era

#14 cristalino sobre ouro
Sabedoria na Nova Era

#15 cristalino sobre violeta
Cura na Nova Era

#16 violeta sobre violeta
Manto violeta

#17 verde sobre violeta
Trovador I
Esperança

#18 amarelo sobre violeta
Frasco egípcio I
Mudança de maré

#19 vermelho
sobre violeta
Vivendo no
mundo material

#20 azul sobre rosa
Resgate da criança
Estrela da criança

#21 verde sobre rosa
Novo começo para o amor

#22 amarelo sobre rosa
Frasco do renascer
Despertar

#23 rosa rosado sobre rosa
Amor e luz

#24 violeta sobre turquesa
Nova mensagem

#25 púrpura sobre magenta
Frasco da convalescença
Florence Nightingale

#26 laranja sobre laranja
Resgate etérico
Humpty Dumpty

#27 vermelho sobre verde
Robin Hood

#28 verde sobre vermelho
Lady Marion

#29 vermelho sobre azul
Levante-se e vá

#30 azul sobre vermelho
Trazer o céu à terra

#31 verde sobre ouro
A fonte

#32 azul royal sobre ouro
Sophia

#33 azul royal
sobre turquesa
Golfinho
Paz com um objetivo

#34 rosa sobre turquesa
Nascimento de Vênus

#35 rosa sobre violeta
Bondade

#36 violeta sobre rosa
Caridade

#37 violeta sobre azul
O anjo da guarda
vem à terra

#38 violeta sobre verde
Trovador II
Discernimento

#39 violeta sobre ouro
Frasco egípcio II
O titereiro

#40 vermelho sobre ouro
"Eu sou"

#41 ouro sobre ouro
Frasco da sabedoria
El d'Orado

#42 amarelo sobre amarelo
Colheita

#43 turquesa
sobre turquesa
Criatividade

#44 violeta-claro (lilás)
sobre azul-claro
O anjo da guarda

#45 turquesa
sobre magenta
Sopro de amor

#46 verde sobre magenta
O nômade

#47 azul royal sobre limão
Alma antiga

#48 violeta sobre cristalino
Asas da cura

#49 turquesa sobre violeta
Novo mensageiro

#50 azul-claro
sobre azul-claro
El Morya

#51 amarelo-claro
sobre amarelo-claro
Kuthumi

#52 rosa-claro
sobre rosa-claro
Lady Nada

#53 verde-claro
sobre verde-claro
Hilarion

#54 cristalino
sobre cristalino
Serapis Bey

#55 cristalino
sobre vermelho
O Cristo

#56 violeta-claro
sobre violeta-claro
Saint Germain

#57 rosa-claro
sobre azul-claro
Pallas Athena e Aeolus

#58 azul-claro
sobre rosa-claro
Órion e Angélica

#59 amarelo-claro
sobre rosa-claro
Lady Portia

#60 azul sobre cristalino
Lao Tsu e Kwan Yin

#61 rosa-claro
sobre amarelo-claro
Sanat Kumara e
Lady Venus Kumara

#62 turquesa-claro
sobre turquesa-claro
Maha Chohan

#63 verde-esmeralda
sobre verde-claro
Djwal Khul e Hilarion

#64 verde-esmeralda
sobre cristalino
Djwal Khul

#65 violeta sobre vermelho
Cabeça no céu e pés na terra

#66 violeta-claro
sobre rosa-claro
A atriz

#67 magenta
sobre magenta
Amor divino
Amor nas pequenas coisas

#68 azul sobre violeta
Gabriel

#69 magenta
sobre cristalino
O soar do sino

#70 amarelo
sobre cristalino
Visão de esplendor

#71 rosa sobre cristalino
Frasco Essênio II
A jóia no lótus

#72 azul sobre laranja
O palhaço (Pagliacci)

#73 ouro sobre cristalino
Chang Tsu

#74 amarelo-claro
sobre verde-claro
Triunfo

#75 magenta
sobre turquesa
Siga o fluxo

#76 rosa sobre ouro
Confiança

#77 cristalino
sobre magenta
A taça

#78 violeta sobre magenta
púrpura escuro
Resgate da coroa

#79 laranja sobre violeta
Frasco do avestruz

#80 vermelho sobre rosa
Artemis

#81 rosa sobre rosa
Amor incondicional

#82 verde sobre laranja
Calypso

#83 turquesa sobre ouro
Abre-te, Sésamo

#84 rosa sobre vermelho
Vela ao vento

#85 turquesa
sobre cristalino
Titânia

#86 cristalino
sobre turquesa
Oberon

#87 coral sobre coral
A sabedoria do amor

#88 verde sobre azul
Imperador Jade

#89 vermelho sobre
magenta púrpura escuro
Resgate da energia

#90 ouro sobre
magenta púrpura escuro
Resgate da sabedoria

#91 verde-oliva
sobre verde-oliva
Liderança feminina

#92 coral sobre
verde-oliva
Maria

#93 coral
sobre turquesa
João

#94 azul-claro
sobre amarelo-claro

#95 magenta
sobre ouro

#96 azul royal
sobre azul royal
Arcanjo Rafael

#97 ouro sobre azul royal
Arcanjo Uriel

#98 lilás sobre coral
Arcanjo Sandalphon

#99 verde oliva claro
sobre rosa
Arcanjo Tzadklel

#100 cristalino
sobre magenta púrpura
Arcanjo Metatron

A Rosácea das Cores

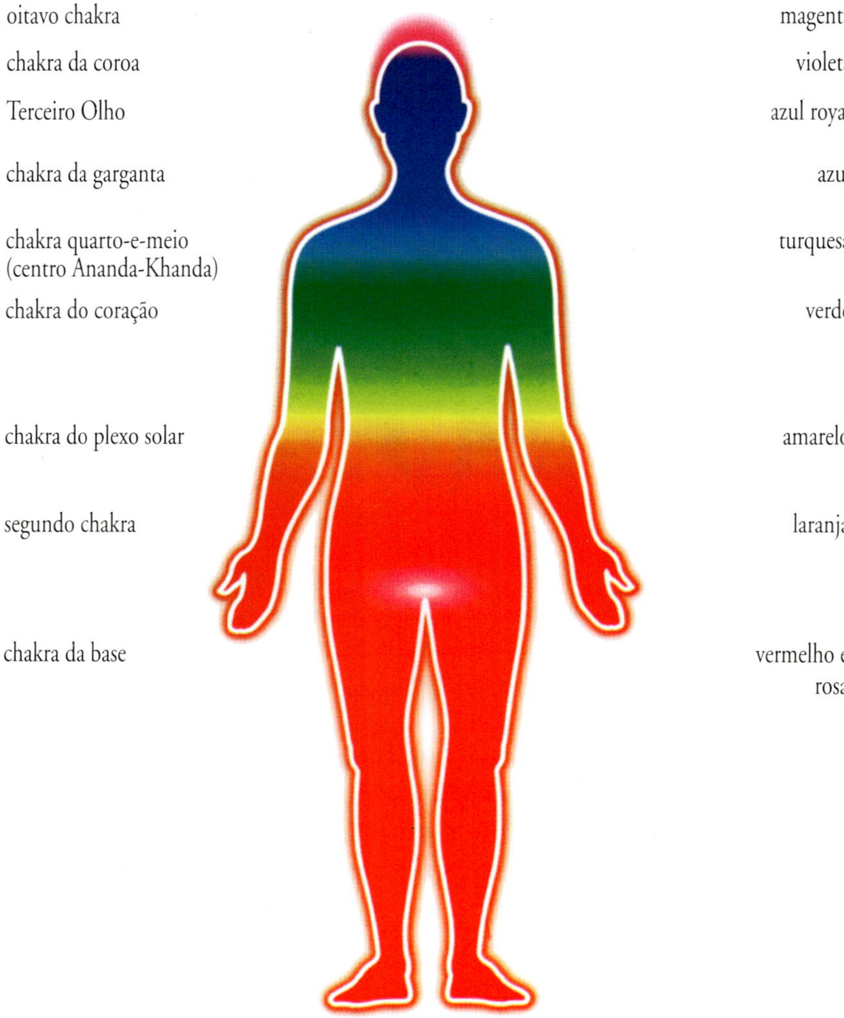
oitavo chakra
magenta
chakra da coroa
violeta
Terceiro Olho
azul royal
chakra da garganta
azul
chakra quarto-e-meio
(centro Ananda-Khanda)
turquesa
chakra do coração
verde
chakra do plexo solar
amarelo
segundo chakra
laranja
chakra da base
vermelho e
rosa

Verde-sobre-Verde (B10) é um centralizador, e ajuda na tomada de decisões. Fornece espaço para a mente viajar. É bom para estabilizar o corpo astral, e ajuda a aliviar tensões. Estimula a pituitária e fortalece tecidos e músculos, embora também possa reagir contra o crescimento anormal de células. O verde ajuda o sangue e o sistema circulatório. Também tem ação anti-séptica.

Essa combinação é boa para:

- choque
- pós-operatórios, particularmente para pacientes de câncer
- fadiga
- combate a células malignas

Azul-sobre-Verde (B3) é bom para o seguinte:

- erupções no peito
- sintomas de disfunções cardíacas
- dor no diafragma
- fibrose
- asma
- bronquite crônica
- angina de peito devida a excesso de esforço físico
- epilepsia
- depressão

***

Vamos agora falar do chakra da garganta, ao qual se liga o belo e celestial azul/azul (B2), o frasco "da paz". Sempre nos referimos a ele como a "paz que ultrapassa todo o entendimento". Visualmente, eu a considero uma das mais poderosas cores de nossa coleção. Em meditação, ioga, cura ou em qualquer situação onde a "elevação" espiritual se faz necessária, as vibrações emanadas dessa cor estão sintonizadas com o infinito.

Clarividentes têm descrito essa cor como um meio de contato e comunicação "através do véu". Posso contar um incidente que me foi relatado por uma clarividente. Ela adquirira um conjunto completo de óleos balanceados Aura-Soma ligados aos chakras e colocou os frascos no consultório onde realizava seu trabalho de cura. A coleção obviamente incluía o azul anil. Pouco tempo depois, ela me telefonou para dizer que o azul tinha empalidecido completamente. Isso teria algum significado, considerando que as outras cores não foram afetadas? Ela então me contou uma história assombrosa.

Seus pais estavam hospedados em sua casa, e sua mãe partira para uma longa viagem de trem para visitar um filho. Algum tempo após a partida da mãe, a mulher recebeu um recado do irmão, informando que tinha havido um acidente e que a mãe deles estava hospitalizada em estado crítico. Em pânico, largou tudo e correu com o pai para o hospital. Quando eles chegaram, era tarde demais; sua mãe falecera. Seu pai ficou desesperado e não havia como consolá-lo. Ele estava convencido de que sua esposa partira num momento de desespero e que não poderia descansar em paz, especialmente porque ele não estava a seu lado no momento da morte. Sem dúvida, o choque dessa separação tão violenta acentuava seus sentimentos. Seu desespero não diminuiu com a volta para casa, e a pobre filha, também em estado de choque, estava achando impossível ajudá-lo. Depois de alguns dias, imaginem sua surpresa quando, ao entrar em casa, ela encontrou seu pai sentado no consultório segurando o frasco todo-azul, o mesmo que agora perdeu completamente a cor. A partir desse momento, ele se acalmou, quase como se tivesse recuperado sua tranqüilidade interior.

Em minha opinião – e disse isso para minha querida amiga – sua mãe buscara esse meio de comunicação para consolar seu desolado marido e restabelecer a paz. O óleo balanceado azul, assim, ficou conhecido como o frasco "da paz". Desde então, soube de muitos outros desses casos.

Sinto que o azul é um elo entre o céu e a terra, e há muito tempo é reconhecido como uma cor espiritual. É usado em altares de igrejas, e acho que não é por acaso que os artistas, através dos tempos, pintam a Santa Mãe Maria vestida de azul real. Essa aliás era também a cor do rei Davi e de seu escudo. O fio dessa cor não apenas tece seu caminho através da história espiritual mas através da própria vida, desde a concepção até a viagem para o Jardim Sagrado.

É espantoso como mulheres grávidas escolhem subconscientemente o azul e parecem estar "sintonizadas" nesse nível, pois a concepção propriamente dita deve se apoiar no vermelho para atrair as necessárias energias da vida, e a atração instintiva pelo azul espiritual põe o corpo terreno em absoluto equilíbrio com a alma espiritual que está prestes a existir. Assim, será que isso explica a afinidade da própria criança recém-nascida com o mesmo azul?

A luz azul que atualmente se usa em hospitais para curar icterícia em bebês é apenas um exemplo. Suave e confortante, o azul é uma cor adorável para crianças na primeira dentição ou afetadas por infecções. Também se aplica a todas as doenças infantis – sarampo e outras doenças que sempre se manifestam quando você está se preparando para tirar férias!

Visualmente o azul tem um grande efeito nos primeiros anos de vida, quando os bebês às vezes têm pesadelos. Quase sempre os pesadelos são apenas um retrospecto, no qual velhos karmas e experiências são momentaneamente revividas. Eles podem deixar as crianças profundamente perturbadas, principalmente aquelas um pouco mais velhas mas que não se atrevem a falar sobre eles. Urinar na cama pode ser um indício de perturbação interior. Paz e proteção são muito necessárias no quarto de dormir de uma criança. Mais uma vez, proponho um tema para sua reflexão – a necessidade da luz para crianças nessas circunstâncias. Elas têm medo do escuro. Mas na verdade a escuridão não existe, pois é meramente a falta de luz.

Aquelas incômodas dores de garganta que surgem e ressurgem sem aviso prévio, de causa emocional ou não, reagem muito bem ao óleo balanceado azul.

Fisicamente, ele se relaciona com o timo e a tireóide, que são glândulas endócrinas. A tireóide é o termostato do corpo e controla o metabolismo. Quando o equilíbrio é perturbado e o termostato dá o sinal, os efeitos calmantes do azul atuam no sentido do reequilíbrio.

A última cor, mas não menos importante entre as componentes do conjunto de óleos balanceados associados aos chakras, é o azul/carmim (B1), o belo Aura-Soma "Resgate", ligado ao chakra mais elevado, que corresponde ao topo da cabeça, ao cérebro e à glândula pineal. O "Resgate" tem um grande poder de cura espiritual e física e suas funções são muitas e miraculosas.

Esse óleo específico contém quatro das mais poderosas cores do chakra e engloba ambos os extremos do espectro, violeta e azul, rosa choque e vermelho, os quais, quando se agita o frasco, se juntam para formar um belo azul anil. É tido por alguns como o mais importante de todos. Além de seus aspectos mental e espiritual, o "Resgate" interage com todos os chakras. Num nível mais elevado, ele faz a conexão da terra com o céu e do céu com a terra, pois contém um pouco de vermelho, como se pode ver quando a luz brilha através do frasco.

Azul-sobre-Azul (B2) é útil para homens de negócios sob estresse e para pais que aguardam o nascimento de filhos. Também ajuda nos seguintes estados:

- gravidez
- doenças infantis
- dentição
- contusões
- infecções
- hiperatividade da tireóide
- problemas vocais

***

O "Resgate" é conhecido como o frasco dos praticantes de cura, e muitos já registraram em especial sua capacidade para abrir o "terceiro olho" e acentuar a percepção psíquica. Alguns o usam para unção, certamente em obediência à imposição bíblica: "Unja-se com óleo." Esse costume ancestral tem profundo significado espiritual e curativo. Trata-se de introjetar a ajuda psicológica e espiritual, tão necessária para a pessoa viver plenamente, para tornar-se um ser completo. O "Resgate" é o óleo mais sensitivo e altamente espiritual. A extensão de sua capacidade pode sentir-se na meditação, e a sensação de profundidade e compreensão que parece fornecer é conhecida de muitas pessoas. É a combinação mais mística entre todas, a mais excitante, e a mais prática; é uma expansão para o espaço, uma ajuda para o pensamento construtivo e para a percepção.

O azul/carmim (B1) é um maravilho polarizador para a mente. Aplicado na região occipital, a porta psíquica situada na base do crânio no ponto em que se une com a espinha, reequilibra, restaura e liberta a mente. A amnésia e a incapacidade de concentração respondem bem ao "Resgate". É, aliás, o preferido por terapeutas que trabalham com regressão, devido a sua habilidade para liberar os pensamentos. As energias vitais contidas nesse óleo são uma fonte inesgotável de descobertas.

Esse óleo balanceado azul/carmim é literalmente uma chave que abre as portas para todos os chakras. Usado isoladamente ou juntamente com a cor de um chakra, é o analgésico fornecido pela natureza. Muitos o consideram absolutamente essencial na cozinha, no banheiro e no automóvel porque, quando aplicado imediatamente, age como um socorro imediato e instantâneo em todos os tipos de emergência. Contusões, queimaduras, ferimentos, todos os tipos de dor e até mesmo a extração de dentes parecem reagir bem ao "Resgate". Pode ser reaplicado em intervalos freqüentes até a dor ou o inchaço desaparecer. É sem dúvida um anjo de bondade. Na realidade, sinto vontade de citar o famoso anúncio da Hoover: "Toda casa deveria ter um."

Foi considerável o número de comentários que recebemos de pessoas que usaram o "Resgate" e nos falaram de seu auxílio em casos de tumores, cistos, verrugas e até de frieiras, o flagelo daqueles que freqüentam piscinas. Pode ser usado em qualquer caso em que o crescimento das células tenha se tornado excessivo, e faço aqui o registro de um desses episódios.

Certa manhã, a campainha de minha porta tocou pela quarta vez. Eu estava imersa em minha meditação e não apreciei a interrupção. Sabia que Phyllis, minha ex-empregada fiel, abriria a porta e desejei que conseguisse resolver o problema sozinha. Minhas esperanças foram em vão. Phyllis bateu na janela do jardim interno.

– Desculpe – disse ela em voz baixa – mas a senhora disse que veio de longe, e é urgente. Ela tem necessidade de falar com você.

A palavra "necessidade" deve sempre ser considerada, de modo que, depois de "aterrissar" completamente, fui atendê-la. Ela parecia bastante excitada. A aura que eu via era amável e a predominância de azul me disse que, apesar da excitação, seu interior estava em paz.

– Você não me conhece. Meu nome é Sra. H. – disse ela. Eu sorri interiormente, pois tinha acabado de olhar as janelas de sua alma. Era verdade que eu não sabia seu nome mas apesar disso não éramos estranhas uma à outra.

– Eu tinha que vir aqui e lhe contar. Eu comprei um de seus óleos de Marie Louise, (Marie Louise Lacy, uma famosa consultora e conferencista sobre cores, e uma pessoa muito querida para mim) especificamente para minhas varizes. Foi o óleo que vocês chamam "Resgate". Ouvi falar que era bom para varizes. Bem, o óleo foi milagroso!

Eu ouvia com atenção, e ela continuou: – Minhas varizes melhoraram um pouco.

Estranhei pois não entendi onde estava o milagre.

– Sinto muito que você não tenha conseguido seu milagre, querida.

Ela riu com animação: – Mas eu consegui, consegui!

Essa contradição me confundiu. Mas ela prosseguiu e ainda que em sua excitação atropelasse as palavras, comecei a entender. Parece que ela tinha recentemente feito um exame para avaliar um tumor no pescoço, na região da tireóide. Sem que ela percebesse o tumor tinha crescido e estava se tornando um problema. O teste revelara que o tumor era benigno, mas a recomendação do hospital de manter o caso sob observação a deixara apreensiva. Tampouco a tranqüilizou a informação de que, devido a sua posição, próximo à tireóide, o tumor não deveria ser removido naquele estágio, e de que não havia medicamento disponível. A espada de Dâmocles pendia sobre sua cabeça.

– Posso lhe dizer que já estava farta – disse ela. – O tumor era feio e preocupante, e achei todo o processo médico muito pouco satisfatório. Apliquei o óleo, que já vinha usando há umas duas semanas, em minhas pernas naquela noite. Sobrou um pouco em minhas mãos. Com preguiça pensei que podia passar o óleo também no pescoço, só para limpar minhas mãos. O efeito foi agradável e, assim, repeti a operação nas três noites seguintes, aplicando o óleo em minhas pernas e em seguida na garganta. Na quarta noite, porém, apareceu em minha garganta uma insistente urticária vermelha! Meu marido, assustado, me disse para parar de usar o óleo imediatamente, pois estava óbvio que era alérgica a ele. Não ocorreu a nenhum de nós dois o fato de que eu estava há duas semanas aplicando o óleo em minhas pernas sem nenhum efeito negativo. De qualquer modo, a erupção diminuiu gradualmente e, três dias mais tarde, levei as mãos ao pescoço para sentir se a alergia desaparecera. E, de fato, não havia mais sinal de alergia – e nem do inchaço do tumor!

A urticária era o que se chama "crise curativa". costuma ocorrer quando há algo muito tóxico para superar. Esse fato se deu há dois anos. Não houve nenhuma recaída, e a senhora em questão desde então inclusive participou de um de meus *workshops*.

O vermelho e o amarelo/vermelho numa das pontas do espectro, relacionada ao chakra básico, como eu disse, atua em estados de hipoatividade. Na outra ponta do espectro e da gama de cores do chakra, o azul/carmim trata de estados de hiperatividade. Assim, lembre-se deles como extremos opostos do espectro mas trabalhando lado a lado, criando um perfeito equilíbrio holístico. Pode ajudar a memorização dos fatos se eu fornecer exemplos dessa oposição:

Amarelo/Vermelho (B5) para:

- tratar constipação
- retenção renal
- circulação lenta
- hipoatividade da tireóide

Azul/Carmim (B1) para:

- diarréia
- cistite
- hipertensão (alta pressão sanguínea)
- hiperatividade da tireóide

A grande vantagem é que esses óleos podem ser usados conjuntamente. Por exemplo, se uma pessoa precisa de energia, memória melhor e estímulo mental, o amarelo/vermelho usado nos pés ou palmas das mãos é indicado para trazer estímulo físico e mental. Mas para que a mente não se torne hiperativa, o azul/carmim colocado no topo do chakra traz calma e ajuda a assimilação.

O óleo azul/carmim, o "Resgate", tem muitas faces. Nessa combinação abundam as cores invisíveis do Grande Jardim. Talvez você já tenha ouvido falar sobre a "cor invisível" do poeta Goethe – ele via uma cor que os outros não podiam ver. Eu também posso ver esta cor, além de outras que eu não posso explicar. O frasco do "Resgate" contém essa cor invisível. Eu não posso dizer qual é, mas ela envolve todas as cores terrenas e uma cor invisível. É a cor de todo o espectro do arco-íris numa só – ambos os extremos.

Isso é o mais próximo a que eu posso chegar para descrevê-la. Não devemos nos surpreender, portanto, que o "Resgate" possa atuar em todas as áreas do corpo, onde houver desarmonia ou dor.

O apreciado "Resgate" é um óleo que eu uso constantemente devido a seus poderes especiais, como uma demonstração de que o potencial verdadeiro da pessoa pode se revelar.

Sentada diante de mim, desolada e desesperada, estava uma mulher sem cor, desleixada e descuidada de sua aparência. Os sinais que ela emitia eram muito fracos, mas sua aura pessoal ou "verdadeira", mesmo empalidecida quase ao ponto da insignificância, se iluminou para meus olhos. Eu me desprendi. No retrospecto do tempo, vi a alma (ou aura) bonita e cintilante que se revelava e expandia sua luz. Que imenso potencial! Olhei dentro de seus olhos, janelas de sua alma, e abri as cortinas. Diante de mim não se encontrava nenhuma aura pálida, mas alguém para quem a jornada através da espiral da alma vinha sendo de grande valia. Mas a "evolução" cessou e foi desvalorizada em sua vida – ela era seu próprio carrasco. Lutando para se tornar socialmente aceitável, ao invés de espiritualmente consciente, ela criara seu próprio bloqueio. Os sinais que ela emanava eram basicamente do nível terrestre, e era exatamente isso que ela atraía. Cresceu em mim o desejo de liberar o bloqueio interior dessa mulher, pois eu a reconhecia como uma importante trabalhadora na lavoura da Nova Era.

A voz dela me alcançou mais uma vez. – Sou um desastre. Tudo o que toco dá errado.

Olhei para ela com amor. Minha mão procurou o "Resgate", que coloquei diante dela.

– Isso – eu disse – representa você, como você é e como o mundo a vê e também como você começou a se ver, sem amor por si própria. Mas naqueles momentos em que o mundo está em silêncio à sua volta, no fundo, no fundo, você percebe que esse não é seu verdadeiro ser. Agora, – e nessa hora eu sorri – deixe-me mostrar a você, querida menina, seu potencial, suas possibilidades, a verdadeira você!

Ergui o frasco, e com minha outra mão ergui a lanterna, a luz que uso para liberar as energias contidas nas cores. Apontei mais uma vez para o frasco.

– Assim é como o mundo vê você quando não tem tempo para parar e contemplar. Porém – e dirigi então o facho de luz de forma a atravessar a base do frasco – quando a luz do amor, do auto-entendimento, e do amor do outro reluz através de você, eis o que se revela.

A cor se transformou num belo e estonteante violeta/rosa choque, brilhando profundamente com um sinal de vermelho e um leve reflexo de azul. Mais uma vez observei sua aura, e agora o óleo era apenas o reflexo do que estava dentro dela. Os olhos transbordaram em lágrimas.

– Olhe para si mesma – eu disse. – Olhe para a verdadeira você. Você não é bonita? Você pode ver a força e o potencial dentro de você, o seu eu real? Conheça você mesma e então seja verdadeira para você mesma.

As travas caíram de seus olhos e ela agora estava abertamente em prantos. Dei-lhe um lenço de papel (de um estoque que aprendi a ter sempre à mão).

Azul-sobre-Carmim (B1) "Resgate" alivia os seguintes estados;

- memória fraca
- queimaduras
- hematomas e contusões
- infecções (especialmente garganta inflamada)
- nevralgia
- insônia
- dores de cabeça
- pressão sanguínea alta
- sinusite
- bronquite aguda
- cistite aguda
- diarréia
- lumbago e ciática.

***

– Agora – eu disse – vá e realize o trabalho para o qual você está verdadeiramente destinada. Pare de pedir aos outros e aprenda a servir. Você de repente vai descobrir que os sinais que você está emitindo vão se alterar, e à medida que você aprender a amar a si mesma como você verdadeiramente é, não mais vai projetar sobre os outros suas próprias incapacidades e fracassos, e assim será capaz de amar seu vizinho como a você mesma. Dessa maneira você vai aprender que o amor está sempre sendo transformado.

Numa emergência, se o "Resgate" não aliviar imediatamente a dor, então uma aplicação adicional da cor da aura pessoal (a primeira escolhida) deve ser feita para reforço. Outra alternativa é aplicar a cor do chakra que se harmoniza com as ervas e essências apropriadas para a área poderiam também ser usadas. Há evidências de que, da mesma forma que na aromaterapia, elas penetram no corpo por meio do sistema linfático.

Para concluir, vou descrever como os chakras podem ser equilibrados utilizando o "Colorcurium" Aura-Soma. Essa admirável forma de tratamento caseiro é acessível a todos. É usado como se fosse um solário ou uma lâmpada-solar. O conjunto de frascos de óleos balanceados associados aos chakras fica disposto em prateleiras de vidro, na mesma seqüência do chakra, com o amarelo/vermelho (B5) na parte mais baixa e o azul/carmim (B1) no topo. Uma luz é dirigida sobre os frascos, por baixo ou por cima. Elas então atuam como uma usina elétrica, reenergizando, regenerando, permitindo aos chakras se reequilibrarem. As energias vivas estão assim em condições de fluir, sem nenhum bloqueio.

Você pode ficar de pé ou, se quiser, sentar e ler em frente ao "Colorcurium". Não há nenhum limite para o tratamento. Não tem perigo de você se queimar. Você precisa de no mínimo 20 minutos para obter maiores resultados.

Agora suponhamos, por exemplo, que um dia eu tenha uma indigestão. O frasco do chakra relacionado ao estômago é o amarelo/ouro (B4) e, então, eu o transfiro para a prateleira do topo, ao lado do azul/carmim (B1), e me exponho a esse tratamento. Se meu coração estiver um pouco cansado, eu posso passar para cima o frasco azul/verde (B3), e assim por diante. Seja o que for que o esteja preocupando, basta dispor os frascos dos chakras como descrito.

Existe uma circunstância excepcional na qual outras combinações de óleos balanceados além daquelas do "conjunto do chakra" podem ser utilizadas no "Colorcurium". Isso ocorre quando o segundo e o terceiro frascos escolhidos de óleo balanceado não incluem nenhuma das combinações do "conjunto do chakra". Nesse caso, deve-se usar a cor da aura. Por exemplo, alguém pode pegar o óleo balanceado todo-verde (B10) como uma segunda ou terceira escolha, que seria substituída pela cor do chakra azul/verde (B3).

Uma palavra aos cépticos

Vou agora fazer uma pausa para me dirigir aos cépticos. Não existe nenhuma ciência do espírito, o que eu escrevo vem da intuição ("percepção interior") e quando isso entra em jogo a pessoa pára de tentar racionalizar aquilo que não está sujeito à explicação racional.

Admita comigo, então, e aceite o que é aceitável para seu ser interior. É como se eu lhe servisse um prato de comida espiritual. Aquilo que você não pode apreciar ou digerir ponha gentilmente de lado; coma e faça a digestão do que você puder. Talvez num tempo futuro, caro leitor, você terá o apetite despertado para os pedaços que hoje você colocou de lado. Pessoas simples, sem muito estudo, que vivem perto da terra, guiadas por seus instintos e com poucos motivos para provocar as bordas da mente, não têm nenhuma dificuldade para aceitar a percepção interna.

18. Sutilezas dos Óleos Balanceados Aura-Soma

A "aura verdadeira", a alma, a consciência mais elevada, que se perpetua em sua jornada espiral desde o princípio até a eternidade, contém seu próprio registro pessoal e, assim como as impressões digitais podem identificar uma pessoa, a aura igualmente pode identificar a essência da alma. Todas as experiências vividas desde o início dos tempos deixam suas marcas sobre essa aura pessoal, que não deve ser confundida com a aura física.

A aura física é um campo eletromagnético cujas cores têm relação com os chakras, os círculos de energia que determinam a harmonia do corpo e a saúde.

A "aura-verdadeira" se parece, para aqueles que podem vê-la, com um núcleo em forma de ovo. Também se parece com um mapa, um registro da verdadeira personalidade, que confere o sentido completo da alma e permite que as almas se reconheçam entre si. É através do reconhecimento da aura que uma alma antiga reconhece aquelas com quem já viajou. Assim, quando almas gêmeas se encontram se ligam instantaneamente – deu-se o encontro de uma alma com sua companheira.

A aura pode parecer desbotada, fragmentada e algumas vezes cheia de crateras, como a lua, mas a essência verdadeira do ser nunca se altera fundamentalmente. Entretanto, os estados de humor, os problemas do momento e as experiências se distribuem claramente em torno do núcleo da aura e se irradiam em sua periferia. É interessante, e às vezes desconcertante, estar conversando com um amigo ou conhecido com o rosto tranqüilo ou sorridente e de repente ver um obscurecimento em toda a periferia do núcleo do ser. Um amigo meu tem uma ótima expressão para definir essa situação: "Eles te tratam bem, mas te consideram um idiota."

Esses estados de humor, é claro, são momentâneos. Mas, mais importante, e de influência sobre a aura, é o que uma pessoa faz para retardar o desenvolvimento espiritual. Essa traição a si mesmo literalmente colore (ou talvez eu devesse dizer descolore) a vida dessa pessoa. Qualquer coisa que impede o progresso do ser deixa marcas e cria uma aura doente. Isso é quase sempre a causa fundamental das doenças que, física, mental e espiritualmente, são as manifestações exteriores dos distúrbios interiores da aura. Para tratar uma enfermidade é essencial que primeiramente se conheça e se trate a aura. A liberação dos poderes de cura do interior de uma pessoa depende desse singular processo de purificação.

É fundamental que o terapeuta se lembre de tratar a aura doente antes de fazer qualquer outra coisa, pois o tratamento dos sintomas pode aliviar o problema imediato mas não elimina a causa subjacente. Somente depois que se tratar a aura pela aplicação do óleo da aura, pode ter início o restabelecimento do fluxo no interior dos chakras. Só então o tratamento do chakra pode começar, usando a cor de comprimento de onda adequado.

No capítulo anterior falamos dos frascos de óleos balanceados relacionados com cada um dos chakras, e das condições físicas, mentais e espirituais que eles podem aliviar. Há muitas combinações que são variações sutis daquelas que descrevemos, e é sobre elas que trata este capítulo. A lista completa do conjunto de variações dos óleos balanceados da Aura-Soma se encontra no Apêndice II.

Amarelo-sobre-Verde (B7)

A sutileza e o simbolismo presentes na combinação amarelo/verde estão relacionados com o início da evolução espiritual da alma. A alma procura seu espaço e seu lugar certos, representados pelo verde, dentro dos quais possa usar a sabedoria, representada pelo amarelo ou pelo ouro. Verde é o espaço, a liberdade da alma, porque a alma deve sempre ser livre. O espírito pode e deve "perambular". Restringir a alma só produz câimbras no coração e retarda a evolução. A alma tem asas; deve voar para onde quiser. A sabedoria (amarelo) é a canalização dessa alma livre, que usa sua liberdade para cumprir seus desígnios. Todos nós devemos, em primeiro lugar, atender à essência da consciência mais elevada.

Física e mentalmente, o amarelo (plexo solar) e o verde (chakra do coração) geram harmonia e bem-estar. Essa combinação ajuda a aliviar situações de confinamento, cólicas e claustrofobia, sejam elas estados de alma, físicos ou mentais. Atua também, por contraste, sobre a agorafobia. Traz decisão quando há indecisão, e sabedoria, clareza de pensamento e calma para avançar com coragem. A combinação amarelo/verde é um excelente óleo para tomar decisões e também é indicado para qualquer situação em que a posição ocupada por alguém pareça ameaçada. Não apenas é bom para a desintoxicação, mas também é útil para a ansiedade, para ativar o timo, fortalecer os ossos, como laxante e como estimulante cerebral.

Verde-sobre-Ouro (B31)

A combinação verde/ouro representa a decisão e a sabedoria para escolher acertadamente, trazendo o material e o espiritual, ambos necessários para a evolução do indivíduo. Mas mesmo a mais sábia e mais dourada das almas (até mesmo os anjos caíram, como no caso de Lúcifer) pode momentaneamente perder seu rumo e seu espaço. A essência da alma verdadeira pode então ficar sem ação, sem expressão, acabando por fechar-se em si mesma. O confinamento – físico, mental ou espiritual – é o ladrão do tempo e requer ajuda e libertação. O verde da fração superior é a chave que abre a porta da prisão para que o ouro puro do ser (fração de baixo) possa seguir adiante outra vez. Há muitos aspectos e aplicações especificamente dessa combinação. Ela pode ajudar uma pessoa a reincorporar-se à vida depois de traumas físicos ou emocionais, e é uma combinação de cor muito benéfica para a meditação.

Por meio de uma experiência pessoal muito dolorosa, descobri outro aspecto ainda mais profundo desse poder de cura. Comento isso apenas para ajudar os outros a entenderem melhor a si mesmos e também aquilo que lhes acontece. Ainda não fui capaz de descobrir o porquê, mas estou bastante segura de que há uma explicação possível, além daquela que se revelou.

No final de um agradável *workshop*, um aluno muito entusiasmado me abraçou e me ergueu, num abraço tão apertado que me quebrou três costelas. A dor foi muito forte, mas me ensinou uma lição, e estou mais agradecida do que ressentida. A lesão que sofri teve outras repercussões. Um médico alopata me administrou um analgésico inadequado e acabei confinada numa clínica geriátrica. Cega, com fortes dores, fui abandonada a minha própria sorte. Não vou nem quero entrar em maiores detalhes sobre a humilhação e a degradação por que passei. Basta dizer que senti que minha alma estava sendo crucificada.

Ao voltar para casa, a dor, que não fora tratada, ainda persistia. Como último recurso se aplicou o "Resgate" Aura-Soma (B1), o analgésico natural. Para minha surpresa, pois ele sempre trouxera bons resultados até então, sua ação foi reduzidíssima. O fato é que às vezes um problema está tão próximo de alguém que se torna difícil resolvê-lo. Há um velho ditado que diz: "Todo mestre precisa de um mestre." Também se poderia dizer: "Todo terapeuta precisa de um terapeuta." É sempre difícil curar a si mesmo ou uma pessoa amada, pois quando há contato no nível da alma o pânico pode mascarar as verdadeiras necessidades. Phyllis, minha sempre fiel amiga, e uma alma simples e terrena, ouviu por acaso um dos terapeutas que estava me visitando relembrar a cura de um cavalo machucado graças ao óleo Humpty Dumpty, o todo-laranja (B26). Phyllis estava comigo há mais de quarenta anos e podia perceber o profundo esgotamento da alma e a fragmentação da aura que me abalavam. De repente ela disse: – Que tal eu usar o óleo laranja em você?

Eu a olhei assombrada, perfeitamente ciente do trauma que eu havia sofrido. Por que isso não me ocorrera?

Aplicamos o óleo e, nos dois níveis, tudo começou a se restabelecer – Humpty Dumpty estava recompondo os pedaços. O terceiro nível, porém, o espiritual, ainda estava estilhaçado. A agulha tinha empacado no disco do tempo e mais uma vez eu era arremessada de volta aos antigos traumas e karmas do passado. Senti que minha alma perdera o rumo. Era a típica situação de "Salva os outros, mas não pode salvar a si mesma".

Dessa vez foi Mike, que vinha me assistindo com cuidado e preocupação, quem sugeriu: – Por que não usar o óleo verde/ouro (B31)? – Ele não tinha lido minha interpretação dessa combinação de cores. Usei a combinação verde/ouro e, finalmente, meu coração, minha mente e meu espírito retomaram a caminhada para frente. Espero que isso sirva de alguma forma como exemplo e orientação. Se isso acontecer, então terá valido a pena.

Amarelo-sobre-Azul (B8)

Voltemos ao verde, o yin e yang, a união do amarelo com o azul, que pode servir de alimento para uma alma faminta. É a elevação, a luta da alma, a sensação de querer elevar-se acima dos assuntos terrenos, tentando alcançar o perfeito equilíbrio para as demandas interiores. Essa combinação ajuda uma pessoa a descobrir quem é e o que é. Com ela se pode caminhar com segurança pelo labirinto da mente.

Os jovens podem sentir necessidade dessa combinação quando seus primeiros impulsos interiores criam o desejo sem que tenham ainda a sabedoria para lidar com ele. Esse talvez seja o modo de ajudá-los a adquirir um equilíbrio entre o físico e o espiritual. Nesse estágio da vida em que um jovem é extremamente vulnerável e sensível, há uma necessidade de perceber por completo sua verdadeira missão e potencial. Caso contrário, há o perigo de viver somente o tempo presente e esquecer a infinitude.

No nível físico e emocional, esse óleo pode ajudar a restaurar o equilíbrio em caso de neuroses, dar direção àqueles que se encontram em situações de insegurança e de infelicidade e trazer alívio para os que sofrem de dispepsia nervosa, problemas de menopausa e gagueira.

Turquesa-sobre-Verde (B9)

Como o despertar da primavera
Essa cor revela
O suave esplendor
Da vida.

Como folhas que se renovam
O ciclo do crescimento
A abertura do Espírito
Para a completa Verdade.

Longe vendo e estando,
As vibrações são dadas,
A transformação se inicia
Ecoa, re-sintoniza
As cores se transmutam
No Uno.

Stephanie Stevenson

Eu gostaria de contar sobre o nascimento desse óleo em particular. Ele foi concebido durante uma meditação na qual eu vi a alma se estender como se tivesse asas, indo até o próprio céu e retornando. A absoluta beleza desse movimento me cativou quando me integrei a ele. Internamente eu conhecia seu significado, e foi com alegria que o confirmei no dia seguinte quando dava aula para uma de minhas experientes terapeutas.

O óleo turquesa/verde ficava na mesa do consultório, com um aspecto etéreo, próximo da forte combinação azul/verde (B3) do óleo do chakra do coração. Havia nessa nova combinação uma qualidade especial, um significado, e vibrações de uma natureza totalmente diferente emanavam dela. Os olhos da terapeuta pareciam incapazes de desviarem-se dela. Das 31 combinações de óleos que ali estavam, apenas esse frasco a atraía. Sorri interiormente, porque eu sabia o que estava acontecendo.

– Estranho – disse ela – Sempre me senti atraída e amava o forte óleo azul/verde. Mas por alguma razão não tenho mais vontade de olhar para ele. Parece pertencer ao passado e não satisfaz a necessidade no presente.

Sorri abertamente agora. A ascensão do espiritual se iniciara nela. Não estava sendo descartado o físico ou o mental representados pela combinação azul/verde mas ao contrário, pela comunicação da alma, o físico e mental estavam agora sendo direcionados em completa harmonia, dentro de sua verdadeira programação. Eu disse: – Esse é um momento mágico e precioso. Pegue-o e guarde-o para você. – Esses momentos preciosos, em si mesmos sagrados mas também muito breves, são bem conhecidos de todo apaixonado que reconhece o amado, da mãe que acaricia o filho, do praticante que vive a primeira cura, do clarividente em sua primeira visão. É o princípio e a promessa de realização.

Azul e verde juntos fazem o turquesa, que representa a mente e o corpo na sua forma anímica equilibrada em harmonia com o azul celeste que aparece no frasco "da paz". Aqui não há indicação da agitação do crescimento quando este é puramente físico, mas ao contrário, da paz que acompanha a realização do eu mais elevado. Isso terá também influência numa criança ou num adolescente sensível e com tendências artísticas que, embora busque os níveis físico e mental, já está atento à consciência superior. Eles estão em busca da alma.

A combinação azul/verde do chakra do coração, como se mencionou, por serem as "grandes armas", devem sempre ser usadas em caso de emergência física ou mental – depressão, epilepsia, angina do peito devida a esforço excessivo, bronquite crônica, asma, fibrose e traumas em questões do coração. O óleo turquesa/verde deve ser usado depois que essas emergências estiverem controladas, como uma forma de prevenir seqüelas na alma.

Azul anil-sobre-Turquesa (B33)

O turquesa é a cor relacionada com o visionário, o habitante da floresta, a mata, o mar e o céu. Essa combinação é uma linda escolha áurica que denota aquele que gentilmente viaja sobre a face da terra e que, não obstante, toca o céu com as pontas dos dedos esticados. Qualquer dureza que exteriorize é nada mais que uma fachada, um mecanismo de defesa. Eis uma pessoa que se relaciona com os reinos animal e vegetal mas tem muita dificuldade em se relacionar com o reino humano. Trata-se de uma pessoa que precisa de amor, espera receber amor, mas considera uma fraqueza demonstrar amor. É o sonhador cujos sonhos estão bloqueados e que espera o prazo final quando os sonhos podem ser reconhecidos como realidades, um ser que se relaciona melhor com a pessoa dentre todos os reinos capaz de desbloquear o amor incondicional. Mas com o aprofundamento da vida com todas as suas experiências (azul anil) vem o verdadeiro alvorecer do eu e da consciência da alma, a libertação das emoções bloqueadas, o verdadeiro potencial que emerge no seu nível mais alto mas também no nível mais prático.

No segundo nível, o mental, há uma necessidade de concentração e aplicação. Trata-se de uma pessoa de grande capacidade cuja energia mental é excelente, mas cuja concentração tem que ser quase compulsória. Qualquer forma de autoridade deve ser rejeitada. A mente tem que aceitar que se trata de um meio para atingir um fim, e gestos sem significado não têm valor nenhum. Mas eis uma pessoa que pode dedicar-se completamente àquela que girar a chave.

Fisicamente, se relaciona com a pessoa muito controlada pela tireóide e pituitária, sujeita a infecções nos olhos e na garganta. Devem sempre ser tomadas medidas protetoras em torno dos chakras da garganta e da cabeça, aos quais, é claro, esse óleo está especialmente relacionado. Pode ser uma combinação muito eficaz para o coração também, para ajudar a trazer profundidade para qualquer emoção ou até dar profundidade às emoções do possível companheiro.

Espiritualmente, esse óleo representa uma alma que não está ainda consciente de sua força e do desejo subliminares. Quando se ergue o autêntico espelho do eu diante do indivíduo, ou até quando se vê refletido no outro, então o milagre acontece. São pessoas lindas, ao mesmo tempo surpreendentes e deliciosas.

Azul anil-sobre-Ouro (B32)

A combinação azul anil/ouro traz todo o conhecimento passado e a sabedoria antiga, e se relaciona particularmente com os povos inca e asteca. Cria paz e sabedoria na meditação e, portanto, ajuda os clarividentes. Quando combinado – o equilíbrio perfeito de yin e yang – provê de espaço os viajantes do tempo (pessoas que viajam "fora do corpo" para lugares distantes no tempo e espaço), pois estão aliados a viagens interplanetárias. Praticantes de cura do espaço (aqueles que purificam o espaço dos lugares que têm atmosfera ruim) estão relacionados a essa combinação também. É de fato uma combinação poderosa, tranqüila e resoluta. O azul real, cor próxima do azul anil, parece conter uma qualidade sutil e se alia ao simbolismo religioso, à realeza, a Maria, Davi, Salomão (era a cor da aura de Salomão, notável por sua sabedoria e o escolhido numa seleção espiritual).

Sob o aspecto mental, esse óleo é excelente durante exames e provas ou em épocas em que a mente é exigida além do normal, pois traz sabedoria e clareza de pensamento. É o frasco do professor, útil para palestrantes, oradores, aqueles que conjugam papel e caneta, e para qualquer um que precise partilhar conhecimento. O azul anil harmonizado com o chakra da garganta ajuda a conferir poder e eloqüência à comunicação. Essa combinação é boa para o estresse, especialmente quando a pessoa se sente presa às circunstâncias ou a um lugar, e auxilia nas decisões, dá clareza à mente e sabedoria para escolher bem.

Fisicamente, a combinação azul anil/ouro ajuda o coração e os pulmões e é admirável como "desbloqueador" para o plexo solar. Na verdade, pode ser aplicado em qualquer parte do corpo onde ocorra bloqueio. A tireóide e o timo são os mais controlados e ajudados por essa cor azul profunda. Gargantas irritadas reagem muito bem a esse óleo. Mas em caso de recaídas de problemas na garganta, o Aura-Soma "Resgate", a combinação azul/carmim, deve ser administrada como reforço.

O óleo azul anil/ouro é bom para a cura e o equilíbrio físico, e é defendido como uma segunda combinação a ser aplicada em associação com qualquer outra combinação de cor. Esse óleo não é apenas fisicamente terapêutico, mas também protege espiritualmente. No nível espiritual, o azul, "a paz que ultrapassa todo o entendimento", inexplicavelmente calmante com sua completa sintonia com os céus, traz comunicação no nível espiritual mais elevado. Todavia, o azul anil com toda a sua profunda intensidade alcança os mundos etéreos, os mundos do além. Aqueles que escolhem instintivamente essa cor azul real, seja sobre vermelho, ouro ou verde, demonstram afinidade com o espaço e os habitantes do espaço, e estão normalmente preocupados com aspectos de outro mundo – astrólogos, apreciadores dos céus e das estrelas. Na verdade, o termo "fora do espaço" pode se aplicar muito bem nesse caso, mas num sentido diferente. Esses são os muito sábios, embora reconhecidamente diferentes, inclusive o professor "desligado", como se diz, ou a pessoa que aparentemente não dá atenção ao tempo, talvez para desespero do habitante da terra, mas de grande valor para aqueles que existem para além desse tempo.

Violeta-sobre-Violeta (B16)

O óleo violeta/violeta se alia ao próprio espírito e a uma vida de dedicação. Em outras palavras, se relaciona a todos aqueles que estão inteiramente comprometidos em servir ao espírito verdadeiro, os praticantes da cura do mundo da Nova Era. É a junção da alma com a alma, violeta/violeta, encontrando espíritos afins, o autêntico violeta do Oriente e o do Ocidente pousados um sobre o outro. Assim obteremos o amor e a paz que ultrapassam todo o entendimento.

Todos os líderes espirituais podem ser identificados por sua aura – violeta com o contorno dourado brilhante e em expansão, o qual eventualmente será visto como uma emanação que se eleva sobre a cabeça, retratado e visto como uma auréola. Essas pessoas são especiais e carregam sua própria proteção, pois já dedicaram suas vidas para servir aos outros, suprimindo o ego pessoal. Mas aqueles de nós não muito evoluídos espiritualmente têm grande necessidade de proteção. Esse óleo precioso cria uma barreira para a escuridão que sempre busca destruir a luz, traz proteção para aqueles ainda incapazes de se defender sozinhos. Violeta é a cor que traz a cura para a alma. Leve esse óleo para sua meditação, sinta como rodopia e envolve todas as partes de seu ser, física, mental e espiritualmente. Observe como ascende em espiral, toca a essência básica de seu ser. Reconheça esse óleo no interior de sua mente, segure-o junto de seu coração, cubra-o com as asas de seu espírito, gentilmente descanse sobre ele. Vá aonde o espírito leva você e conheça-se a si mesmo sobre a terra em contato com a infinitude e ainda na terra.

Na meditação é essencial que a descida de volta seja suave, um mergulho de volta através de todas as cores do espectro. Visualize cada uma enquanto desce – violeta, azul anil, turquesa, verde e ouro. Pare um momento, respire fundo, despeça-se gentil e amorosamente, então desça mais fundo até o laranja, deixe que tudo retorne mansamente a seus lugares, vagarosamente, sem choque, toque a harmonia dentro de todo o seu ser e nesse momento coloque seus pés na terra. Deixe o vermelho com sua vida e energias flamejantes absorver você, levá-lo em direção à terra, para que possa ser usado na terra mesmo quando estiver no céu.

A alma de uma criança, ainda vulnerável embora firmemente presa pelo cordão de prata, encara a realidade terrena sem a completa proteção da sabedoria. No ambiente de hoje em dia, com suas ameaças e perigos escondidos, as crianças, criaturas do céu, para as quais é o reino dos céus e o reino da Nova Era, necessitam de amor e proteção. Unja-os com óleo, literalmente, para que se forme uma barreira entre eles e os perigos do exterior e do interior.

A criança da Nova Era, com seu grande conhecimento, percepção e consciência internos, vê muito mais do que uma criança comum e, devido a suas vibrações mais intensas, reage instantaneamente. Ela tem uma necessidade maior de orações e proteção e deve ser mantida perpetuamente num círculo constante de amor. As mães e os pais dessas crianças especiais devem, na mente, no pensamento e nas orações, vê-los rodeados e mantidos em segurança dentro da esfera da consciência mais alta, onde apenas o amor pode viver e o mal não tem lugar nem poder.

O óleo violeta tem um efeito de cura mais suave no corpo físico do que o do "Resgate" Aura-Soma, o óleo azul/carmim. Sua natureza é de proteção preventiva, acalmando todas as agressões no corpo e a seu redor. Pode ser usado para proteger as crianças antes de irem para a escola, e pode ajudar em casos de nevralgia, contusão, choque, dor e inflamação.

Verde-sobre-Violeta (B17)

A escolha desse óleo é um sinal do ser que de repente se torna consciente da pequena voz, que reclama baixinho quando todo o mundo está quieto ao redor: "E eu?"

É a luta da alma para encontrar seu verdadeiro ser, o espaço dentro do qual pode se espalhar e respirar, e ter seu ser. A vida, com suas pressões e demandas, drenou a verdadeira cor do ser, mas esse tempo é de realização; quando o corpo está esgotado ou derrotado a alma voa livremente e continua.

Eu adoro quando vejo uma pessoa escolher esse frasco, pois essa é a alma que estava perdida e agora encontrou a si mesma. A alma está procurando um espaço no qual possa se espalhar e crescer, respirar uma vez mais, de tal modo que o potencial e a finalidade para os quais foi programado desde o início possam ser liberados.

A fração verde do frasco traz a habilidade para centralizar e fazer a escolha certa, trazendo harmonia e finalidade ao violeta espiritual que repousa abaixo, esperando.

A palavra "doença" é apenas um termo técnico e com o qual por algum motivo eu nunca consigo me relacionar. É apenas um termo descrevendo sintomas, é a falta de harmonia no interior de uma pessoa. Ninguém deve reconhecer a existência de doenças irreversíveis mas, ao contrário, reconhecer o poder do pensamento positivo que pode reverter a falta de harmonia.

O óleo verde/violeta, que produz uma sombra escura de jade quando agitado, é recomendado para dores psicossomáticas e enfermidades, e para maníacos-depressivos.

Amarelo-sobre-Violeta (B18)

O idealismo deve necessariamente atravessar uma fase de realismo para atingir a plenitude da "evolução". A escolha do óleo amarelo/violeta indica um grande guia espiritual. Essa é a pessoa que "entrou" com o violeta/violeta (B16), teve então que atravessar o vermelho/violeta (B19) relacionado com a terra e o céu, sofrendo para obter o conhecimento da cura, e então prosseguiu até o óleo rosado/rosa (B23), que traz a experiência do amor incondicional para a Nova Era, e o amor do verdadeiro ser, através do qual uma pessoa pode amar as outras. A combinação amarelo/violeta é o pedido de sabedoria como a de Salomão, para usar o poder da cura com discernimento.

Num segundo nível, o mental, essa combinação é um ótimo equilibrador quando a mente está dominando a essência verdadeira, o violeta, a cura dentro da pessoa.

Para a mente "que precisa medir", essa é quase uma situação em que "o médico cura a si mesmo". Pode haver muitos bloqueios em todos os níveis, espiritual, mental e físico. No nível espiritual isso pode ser causado por um carma passado ou memória kármica. A pessoa pode ser incapaz de pagar o preço do conhecimento que busca. O plexo solar, o ponto de junção das vias do espírito, do corpo e da mente é quase sempre o local onde se encontra tal bloqueio. Essa situação pode ser efetivamente enfrentada pelo mecanismo de liberação do óleo amarelo/violeta. Medos são resolvidos e assumem seu verdadeiro papel na vida como experiências de crescimento, e a luz dourada começa a brilhar outra vez. Incontáveis medos e fobias como claustrofobia, agorafobia e mania de perseguição são freqüentemente causados por lembranças de experiências ruins, talvez em vidas passadas, que penetram na consciência. Esse é o óleo para se usar, pois ajudará a rejeitar essas memórias.

Fisicamente o amarelo lida com os sistemas endócrino e nervoso, e o violeta contribui com o aspecto curativo. Os sintomas da esclerose múltipla e do mal de Parkinson podem ser enormemente reduzidos pelo uso do óleo amarelo/violeta. O valor do óleo rosa nessas circunstâncias não deve ser esquecido pois a situação traz com ela uma perda de amor próprio. A pessoa está literalmente sem amor pelo corpo que, em sua mente, o deixou naquele estado. É uma agressão que ocorre dentro do ser, como se estivesse encapsulado num corpo que não deseja. É preciso muito amor nesse caso, não apenas da pessoa por si mesma, mas também um amor incondicional que vem dos outros.

Rosa-sobre-Violeta (B35)

Esse óleo representa o praticante de cura predestinado que, desde o início de seu crescimento espiral, através de experiências kármicas em muitas reencarnações, finalmente aprendeu a curar com amor incondicional. É uma combinação que mexe com a alma. Quando a cor da fração inferior da combinação escolhida é o violeta, então existe coerência.

Freiras, monges e santos, todos aqueles que estão no caminho puramente espiritual, têm que aprender a lição de relacionar-se com a vida para que suas missões de amor e cura sejam completas. Essas são pessoas verdadeiramente avançadas que tiveram de viajar no caminho do desenvolvimento espiritual, sofreram e conheceram todas as tribulações da vida humana e agora querem cumprir totalmente sua missão de cura, paz e amor incondicional. Sobre essas almas é verdadeiro dizer: "É grande a colheita mas poucos os trabalhadores." A escolha desse frasco indica uma pessoa que aprendeu a lição do amor incondicional (fração rosa), através de experiências kármicas e muitas reencarnações. Todos nós engajados na era da "renova-ação" necessitamos da combinação rosa/violeta, pois sem amor não pode haver a cura completa dessa Nova Era.

No nível mental, o óleo rosa choque/violeta pode indicar alguém que precisa de amor e também aquele que dá amor. Esse óleo também atua para proteger uma pessoa espiritual contra agressão.

Fisicamente, o óleo está relacionado ao chakra do topo da cabeça, mas também pode ser usado em qualquer parte do corpo que necessite de cura. A cor do amor, o rosa, pode chegar a qualquer parte.

Violeta-sobre-Rosa (B36)

Quando há uma versão "de cabeça para baixo" de uma combinação, como se fosse uma inversão, pode-se concluir que literalmente a vida necessita de uma completa reavaliação e reajuste. Já falamos da combinação rosa/violeta (B35); agora falaremos do óleo violeta/rosa. Através da experiência pessoal, guiada pela intuição, apoiada em muitas leituras e consultas com aqueles que escolheram em especial essa dupla combinação de cores, posso dizer o seguinte sobre ela.

No rosa dessa combinação, há uma insinuação de rosa choque, desbotada mas inconfundível. Nós sabemos que o rosa é uma cor de recomeço, não agressiva, que representa o amor incondicional. Às vezes, na elevação para o ser puro, na missão pura e mesmo no desejo de dar amor incondicional, há uma necessidade de cura dentro da própria pessoa. A necessidade pode diferir de acordo com a pessoa e as circunstâncias, mas é invariavelmente uma necessidade de amar tudo o que está acontecendo ao redor, mais do que qualquer coisa específica.

Essas lutas pelo definitivo (violeta), procurando alcançar a profundidade, encontrar sua própria missão especial e a liberdade de fazer isso, pode algumas vezes transformar-se num sentimento de frustração. Isso cria uma situação de desamor, ainda que temporária, que aparentemente envolve e mina a verdadeira emergência e a liberdade do ser.

O rosa procura por amor, dá amor, e ainda precisa do rosa choque, a região superior do espectro relacionada com a cura, incorporando as energias e demandas da vida cotidiana equilibradas com a elevação celestial da alma e da mente.

Junte o violeta e o rosa choque, reforce tudo o que está se avolumando e se agitando em seu interior, sinta uma vez mais o fluxo do amor incondicional, curando e acentuando a verdadeira situação na qual se luta. Sinta o fulgor e a expansão da alma para cima e para fora, toque as pontas dos dedos que estão sempre ali e não são visíveis, reconheça a si mesmo como parte do infinito e da eternidade.

Coloque os preciosos óleos sobre você, em qualquer lugar e a qualquer hora. Esse óleo, filho do amor, é para você mesmo. Para o amor e para a cura dos outros, coloque um pouco nas palmas de suas mãos e dê para eles. Para onde a luz guiar, se seguirá a cura em todos os níveis.

Yin e yang se juntam nesse óleo, que é o mais adorável e suave aspecto do óleo azul/carmim (B1), o "Resgate". Ele tratará com suavidade casos de emergência física, confusão mental e espiritual, tornando mais leve o fardo.

Vermelho-sobre-Violeta (B19)

Pode-se dizer que essa bela e rica combinação traz o céu para a terra. Ela demonstra a atração da vida anímica pela existência da terra. Clarividentes, aqueles com visão interior, instintivamente reagem a essa combinação, pois usam-na como meio de transmissão, tanto recebendo como dando.

O óleo balanceado vermelho/violeta pode também ser interpretado como uma "linha direta" com o céu. É um óleo conectado com a comunicação, a expansão do espírito. Eu o vejo como um frasco do "presente", porque está associada com o aqui e agora, e com o "agora eterno" que interliga o passado, o presente e o futuro imediato. Deverá ser escolhido principalmente no fim da seleção e ser a terceira ou a quarta escolha (ver página 110).

Clarividentes e praticantes de cura engajados na tarefa de curar em seu sentido mais amplo percebem quanta transmutação de energia é necessária para a comunicação, seja ela direta ou de outro tipo. Pode-se ver, portanto, a importância do vermelho na fração superior, as energias da vida e da terra. É a força da vida e também fornece o fundamento essencial que é um fator-chave quando em contato com a consciência mais elevada. Essa combinação vermelho e violeta tem um valor especial para purificadores de espaço, dando proteção e rumo. O óleo deve ser especialmente aplicado nos pés e nas mãos. Num quarto ou edifício onde ocorram fenômenos sobrenaturais ou onde haja uma atmosfera maligna, as vibrações desse óleo podem produzir uma forte proteção. Para aqueles que trabalham com esse tipo de problema recomenda-se uma aplicação protetora no pulso e, à noite, no plexo solar.

No que se refere à saúde do corpo, essa combinação pode ser uma grande ajuda em caso de anemia, e mesmo de leucemia, quando há deficiência de hemoglobina no sangue. Também pode ser muito útil em casos de deficiência mineral e desequilíbrio hormonal.

O radiante óleo vermelho/violeta, quando agitado, muda para uma bela cor de ameixa, gerando calor e promessa.

Rosa-sobre-Turquesa (B34)

Visualmente essa combinação de cores é muito poderosa. Quando alguém tem seu espaço ameaçado, ou quando num relacionamento o amor torna-se possessivo e o espaço do parceiro é restringido, esse óleo é um auxílio milagroso pois ajuda a criar espaço e reciclar o "dar e receber" do amor. É muito inspirador para as pessoas criativas. Crianças e jovens achariam esse óleo de grande valor pois freqüentemente se sentem ameaçados pelo que eles chamam de "o sistema", esteja ele representado nas autoridades ou nos pais. Eles sentem as ameaças do amor condicional. Todos nós já ouvimos falar, quando não experimentamos, o ultimato "se você não se comportar (ou se conformar) não vai receber amor (ou privilégios)". O amor verdadeiro não conhece nenhuma condição de venda e negociação.

O turquesa está intimamente relacionado com o azul-verde do chakra emocional, o coração, e deve literalmente atingir "o coração do assunto", ou o x da questão. É, portanto, possível observar como situações emocionais podem ser ajudadas pelo turquesa, ele mesmo uma cor yin e yang que contém tanto o azul quanto o verde. Espiritualmente é uma combinação freqüentemente escolhida por pessoas originárias de outros planetas, que nasceram aqui para curar a terra. Fisicamente, o óleo rosa/turquesa é bom para curar o coração e pulmões e ajuda em especial os asmáticos, livrando os pulmões de todos os invasores irritantes. É excelente também para as áreas da reprodução, tanto feminina quanto masculina, e pode ser aplicado em todos os chakras onde ocorra desequilíbrio.

Verde-sobre-Rosa (B21)

O óleo verde/rosa representa a dádiva do discernimento, que antecede o amor incondicional, o dar e receber amor. Nenhum pensamento agressivo pode interferir aqui, nenhuma idéia pré-concebida ou preconceito, mas simplesmente o amor a se derramar e fluir constantemente e para sempre. Nessa situação uma alma pode estar em paz com outra alma, em completa absolvição de amor, e com purificação de ambos, do que dá e do que recebe.

O aspecto verde coloca tudo o que é passado e presente em seus verdadeiros lugares, são campos onde os carneiros podem pastar em segurança. Esse amor não conhece fronteiras. A alma é livre e o lugar agora está pronto para a ocupação total. É o começo da nova vida. O amor possessivo não pode interferir nesse caso, pois se isso ocorrer o espaço é ameaçado e o receptor terá "câimbras" no interior de seu coração.

Verde é a cor do chakra do coração e o rosa do amor incondicional, então a combinação verdadeiramente manifesta os mais profundos níveis de amor. Assim cada um de nós se torna realmente capaz de cuidar de si mesmo e de superar suas limitações, expressando, como todos nós desejamos, o amor de Deus pelos homens.

O verde/rosa é bom para epiléticos, pois reduz a violência das crises por meio do rosa, e dos espasmos por meio do verde. É também ideal, obviamente, para uso pós-operatório – operações cirúrgicas de câncer, mastectomia, colostomias e qualquer outro tipo de operação na qual a pessoa possa sentir-se invadida ou degradada.

O valor do rosa atualmente está bem estabelecido graças a suas habilidades de acalmar a agressividade. Ajuda, portanto, em tempos de perturbação mental, ressentimentos, estados inflamatórios e de sensação de estar sendo "atacado".

Amarelo-sobre-Rosa (B22)

Esse é o óleo do "recomeço", o frasco do "renascer", com a sabedoria que contribui para canalizar o amor interior que deseja se manifestar. O tempo ensinou muitas lições mas a sabedoria não esteve sempre presente. Saiamos da sombra do passado e pisemos corajosamente na luz do dia de hoje, trazendo nova sabedoria, nova vida, nova promessa – a realização do ser, do espírito, liberdade da mente para estar uma vez mais em contato com as áreas onde estão as culpas, erros e enganos de julgamento, todos os quais, juntos, impediam a completa realização. Olhe-se uma vez mais através desse reflexo cristalino e enxergue-se como veio ao mundo, com um propósito a realizar com dedicação. Enxergue-se uma vez mais como você era antes de o mundo colocar seus "dedos sujos" em você. Aprenda a perdoar a si e aos outros.

No nível físico, a combinação amarelo/rosa se relaciona bem com o sistema endócrino e o trato digestivo. Desequilíbrios hormonais, especialmente desarmonias ou deficiências da menopausa, respondem bem a esse óleo. A associação do rosa com o útero torna o óleo duplamente mais importante para a área da reprodução feminina.

Rosado escuro-sobre-Rosa (B23)

Todas as situações traumáticas que podem nos assaltar na vida – falta de filhos, divórcio, privação, doença, humilhação devido a desemprego – podem levar ao acúmulo de ódio, amargura e ressentimento que nunca resolvem o problema mas apenas deixam marcas na alma. Nessas épocas, o auto-respeito e a autoconfiança desaparecem. Uma reação natural silenciosa, como o sentimento secreto de culpa, embora não merecido, entra furtivamente na situação e a pergunta que se repete nas mentes afetadas é: "Eu mereço?" ou "Eu vou conseguir?"

Confie então no rosado escuro, filho do amor, sinta uma vez mais o calor do divino amor incondicional que nunca o deixará. Mergulhe todo o seu ser na gentileza e na suavidade do rosado que está embaixo, procure seu ser autêntico, a realidade de seu destino. Saiba dentro de você que essa é a crucificação que antecede a ressurreição, o início da vida que prossegue em sua plenitude. É essencial aprender a amar a si mesmo novamente, abandonando todos os pensamentos de culpa, posicionando-se acima da situação, elevando o corpo, a mente e o espírito. Esse óleo é a têmpera do aço da espada do espírito. Use-o em conjunto com o verde para encontrar outra vez seu verdadeiro lugar. Tome as decisões que o levem para a frente ao invés de dar o passo para trás e pensar no passado. Olhe para o futuro e para sua promessa de realização.

Como nós já vimos antes, o rosa é uma cor anti-agressiva e portanto essa combinação especial tem um efeito duplo, contendo agressões de dentro e do exterior. Percebe-se, assim, o valor dessa jóia para aqueles com problemas emocionais e psicopatas. O óleo também é de ajuda para epiléticos.

Rosa claro sobre-Rosa claro (B52)

Este é o óleo do "recomeço", aquele que pode atrair uma alma companheira verdadeira, todo o belo conceito de amor. É a promessa do amor predestinado, do amor reencontrado. Esse belo óleo claro ajuda a neutralizar os efeitos do "desamor", e faz a pessoa "ver cor-de-rosa". É para aqueles que necessitam de amor e têm amor para dar. Todas as almas sensíveis e gentis se ligam naturalmente a esse óleo.

Use esta combinação rosa claro para ressacas e medos irracionais, cujas origens podem estar até na infância. Use-o também contra a agressão, de você mesmo ou de outros. A combinação rosa claro pode ser de ajuda para uma pessoa com uma aura desbotada ou enfraquecida, mas não deixe de usar uma cor mais forte, como o verde, junto com o rosa para dar força e determinação. Esse óleo é de valor para a anorexia, quando alguém está subconscientemente tentando alterar a própria imagem.

Carmim-sobre-Rosa choque (B25)

Este óleo carmim/rosa choque denota uma pessoa profundamente consciente do espiritual, desejosa de usar o amor que tem em si mesmo para curar através de qualquer meio. É a lição do amor que se extravasa, da cura que se excede. Esse óleo pertence a uma "velha alma", da alta esfera, da divindade, do sacerdócio, da dedicação, das "madres Teresas" da vida, dos psíquicos, dos interiormente perceptivos. Essa é uma pessoa que foi ao inferno e voltou várias vezes ao longo de seu período evolutivo, que foi crucificada, aprendeu novamente a amar a si mesmo e a humanidade e busca sua missão de curar os outros através do amor e da compreensão. Esse alongamento da alma pode significar uma pessoa bem equilibrada e corajosa que, através do sofrimento passado, desenvolveu agora uma determinação onde bem poderia haver apenas um desejo. Não é um pensador ansioso, mas um sofredor amadurecido.

O belo óleo carmim/rosa choque é um purificador que traz consigo a compreensão. Pode ajudar no desenvolvimento da intuição e das faculdades espirituais. Nos níveis físico e mental, ajuda a recuperação e a renovação depois de doenças e/ou cirurgias – o magenta para restaurar a energia e o violeta para ajudar a restaurar o equilíbrio potássio/sódio. Esse maravilhoso óleo alivia nervos abalados, pode ajudar desiludidos a ver as coisas na perspectiva real e, além de tudo, pode beneficiar todo o sistema endócrino.

Vermelho-sobre-Verde (B27) e Verde-sobre-Vermelho (B28)

Não há temor no amor, mas o perfeito amor lança fora o temor...
I João 4:18

Duas das mais interessantes e reveladoras combinações de cor para o diagnóstico são diretamente opostas uma à outra – o óleo vermelho/verde (masculino) e o óleo verde/vermelho (feminino), que para facilitar a identificação têm sido chamados "Robin Hood" e "Lady Marion". Esses óleos se compõem de duas cores contrastantes, uma suprindo a necessidade da outra, uma preenchendo a demanda do aspecto masculino ou do feminino de nossa natureza.

A pura harmonia e o funcionamento de todas as faculdades em todos os níveis podem ser obtidos apenas quando o ser é capaz de transmutar os desejos naturais e as energias terrenas. A agressividade masculina deve ser modulada e transformada através do cultivo de qualidades femininas como a intuição e a gentileza. No homem, são as qualidades do vermelho que criam a transmutação do ser verdadeiro. A combinação vermelho/verde é o espelho daquele que é fisicamente homem com as pressões que atuam sobre ele para produzir e tomar o papel de liderança em sua vida. Essas pressões fazem com que qualquer feminilidade latente seja involuntariamente suprimida, por temor do impedimento à auto-expressão. A sociedade criou uma linha estrita de demarcação entre as qualidades tidas como masculinas e as femininas. Todo o conceito do macho dominante e seus deveres associados foram programados no seu pensamento mais interior. Ele foi condicionado desde o berço. Mas a criatividade verdadeira é representada pelo útero, e o perfeito equilíbrio do ser está no reconhecimento e na harmonização dentro de si mesmos tanto dos aspectos masculinos quanto dos femininos. Assim se pode obter a completa realização do ser – sem precisar perder *status* ou poder.

A fração verde da base é o espelho e a expressão do espaço que precisa ser dado ao lado feminino do homem, à mulher interior. Somente na renúncia da totalidade do masculino vem a realização dos "ho-mães".

"Lady Marion", o óleo balanceado verde/vermelho, normalmente o escolhido pela mulher, indica também a posição na qual o ser entrou na encarnação. Exatamente como o homem se espelha na combinação vermelho/verde, a mulher se reflete no óleo verde/vermelho. As qualidades da gentileza e do carinho foram incentivadas na mulher pela sociedade. Os deveres que se espera dela refletem, naturalmente, o fato de que ela foi projetada pela natureza para se tornar mãe tanto quanto amante.

A espécie humana, assim como os pássaros e os mamíferos, possui períodos de aninhamento com todos os seus deveres e devoções. Encontramos no Cântico dos Cânticos (2.10 e 12) de Salomão o belo chamado de amor: "Levanta, minha amada, formosa minha, vem a mim! ... o tempo do canto dos pássaros chegou."

Esse é um belo momento, uma função, uma realização. Entretanto, o momento passa, o ninho se esvazia e as aves recém-emplumadas, agora completamente crescidas, procuram sua própria realização. A conjunção do amor ainda está lá, o cordão de prata do amor está firmemente fixado, mas o tempo do canto dos pássaros chegou para seus filhos. Em princípio, a mulher é eternamente criativa e a alma não se extingue no vôo dos mais novos. Quantas mães, nesse momento, experimentam um sentimento de devastação com a noção repentina de que a realização não é contínua. Mas não devem temer. É apenas a alma se alargando. Depois do corpo, o espírito procura sua própria realização. É bem conhecido e medicamente reconhecido o estado depressivo da menopausa e os distúrbios que os acompanham. Pílulas e poções não resolvem o problema, pois a raiz causal é a anulação da alma. A panacéia "encontre outro interesse" serve para passar o tempo. Mas a finitude do tempo está chamando.

Num relacionamento entre um homem e uma mulher baseado no amor incondicional, existe fé absoluta e lealdade. Da mesma forma que o dar e receber no amor físico, assim deve ser no amor espiritual. Uma pessoa não deve alimentar o corpo e deixar a alma faminta. Não há nenhuma necessidade de o homem de meia-idade buscar reafirmar a confiança em sua virilidade com outras parceiras, da mesma forma que as mulheres não precisam se envolver sexualmente para restabelecer sua auto-estima.

Em qualquer situação em que ela estiver sendo dominada, a mulher deve usar a combinação inversa, o óleo vermelho/verde. O homem, se dominado, poderia provavelmente trair esse sentimento no diagnóstico ao escolher o óleo verde/vermelho. Eis mais um caso em que se deve introduzir o elemento de contra-ataque. Eu reparei com interesse quantas vezes durante a livre escolha dos frascos de óleos balanceados é possível detectar o homem sensível (óleo verde/vermelho). Ele é o que tem tendência a ser dominado, mas que é criativo e espiritualmente sensível. Então há a mulher, superfeminilizada, gentil, amorosa, um "capacho", que tende a ser dominada. Para ela o vermelho é muito importante.

O verde em ambas as combinações tem um propósito especial. Verde é, obviamente, o que dá espaço, o tomador de decisões, a cor do "eu sei aonde estou indo", o "vá abraçar uma árvore" essencial em muitas situações, o espaço onde a alma pode se esticar. Você está diante de um cruzamento de estradas? Então cruze-o. O verde por si mesmo ou em qualquer forma ou combinação é importante e ajuda a evitar os pensamentos do tipo "eu queria".

Vermelho-sobre Azul (B29) e Azul-sobre-Vermelho (B30)

Como nas duas combinações anteriores, esses dois óleos são complementares, promovendo a união entre o céu e a terra.

Aqueles que viajam no plano astral ou realizam algum trabalho ligado com a esfera etérea encontram nesses dois óleos um acompanhamento eficaz. Na prática de cura, ioga, meditação, levitação do espírito e em aspiração, seu valor é ilimitado. Em qualquer situação que se relacione com o corpo físico, o óleo vermelho/azul é a unidade de substituição, aquela que supre quando algo está faltando.

Quando sacudido, ele se torna um belo violeta e, assim, é apropriado para a cura de muitas maneiras. Dá uma ótima proteção para as pessoas que se apóiam no espírito e que estão sujeitas a terem sua energia sugada por aquelas a sua volta.

Uma frase se encaixa bem ao óleo azul/vermelho: "Paz na terra aos homens de boa vontade" – uma mensagem valiosa em todos os projetos de paz. Esse é um belo óleo balanceado, especialmente valioso para os que estão retomando o contato com a terra. O vermelho irá aterrar o aéreo mental do azul, e assim clarividentes e estudantes de ioga descobrirão que é de um valor imenso. Deve ser usado também depois da meditação.

***

Ao descrever as várias combinações de óleos balanceados, procurei apenas abrir a mente do leitor para revelar as jóias brilhantes guardadas nessa arca. Cada um de nós possui a percepção interior necessária; é o presente para todos cujas pontas dos dedos e corações se esticam gentilmente mas cheios de fome em direção ao mais profundo e íntimo conhecimento da auto-revelação. Deixe seus olhos passearem pelas jóias que estão diante de você. Elas têm uma linguagem; aprenda essa linguagem. Elas são um livro nelas mesmas; leia esse livro e saiba que no final ele é o espelho diante de você, e o milagre é seu.

19. Os sinais e símbolos dos Óleos Balanceados Aura-Soma

Há em mim uma hesitação que nasce da admiração e do respeito pelo desconhecido, e assim eu acho particularmente difícil explicar sobre os signos e símbolos que surgem quando se agitam os frascos de óleos balanceados. Os pequenos milagres que ocorrem aparentemente de forma espontânea diante dos olhos de uma pessoa escrevem com mãos invisíveis a história interior das jóias. Devo, portanto, pedir sua tolerância e compreensão enquanto eu tento colocar em palavras aquilo que está quase além das palavras.

O simbolismo sempre existiu e foi usado em todas as religiões e cultos através dos tempos. Mesmo os povos da idade da pedra expressaram seus pensamentos mais profundos em desenhos e signos em cavernas. Aparentemente uma forma de pensamento esotérico, o simbolismo se transmite através de um poder especial que possui a mensagem de que se necessita.

A fração superior denota os pensamentos e sentimentos na consciência presente, do propósito que repousa na base. Representa a mente consciente, enquanto a base denota as tendências subliminares "inconscientes" ou subconscientes.

O lado esquerdo da fração superior diz respeito ao aspecto feminino do eu, o lado intuitivo e piedoso. O lado direito da fração superior se relaciona com os aspectos da sabedoria analítica masculina. A linha média entre as partes superior e inferior representa a linha da essência ou a linha da vida que passa entre aquilo que nós conscientemente sabemos e aquilo de que apenas suspeitamos.

Após agitar o frasco, formam-se bolhas que ocasionalmente parecem apresentar uma ou mais formas piramidais. Quando essas bolhas aparecem na fração superior esquerda indicam uma conexão com o antigo Egito, como se o conhecimento e a experiência daquele tempo tivesse sido assimilada na mente da pessoa.

Em sonhos e meditações não há fronteiras. O tapete voador mágico está dentro de cada um. O tempo desaparece, a distância perde o significado e as medidas, a alma se liberta. Há momentos em que buscamos interiormente revisitar lugares e espaços que têm um significado em nossas vidas presentes. A alma, que viaja com seu vasto acúmulo de karma e sabedoria obtidas ao longo de sua evolução, tem fome de suas próprias experiências passadas e busca revê-las quando a necessidade é muito grande.

Os sonhos são veículos que carregam memórias espirituais, físicas e emocionais, desde o início dos tempos, e às vezes trazem lampejos do futuro.

Nesse ponto, acho que devo avisar que se deve tomar cuidado para não se abalarem com as formas dentro das lindas jóias do óleo balanceado. Se fizermos isso, podemos terminar como os dois psiquiatras que, eternamente lidando com os problemas um do outro, se cumprimentam na rua: – Como está você? – pergunta um deles, e antes que o outro responda diz imediatamente: – Como estou eu? – A introspecção, quando chega no limite do neurótico, pode atuar como uma barreira de resistência ao enfrentamento da vida presente. A sabedoria e o conhecimento somente ajudam quando usados corretamente. Como tantas outras coisas, o óleo balanceado pode ser mal utilizado.

O lado direito do nível superior corresponde às atividades mentais associadas com o hemisfério direito do cérebro. Uma pirâmide que apareça nesse ponto denota a busca da sabedoria, por causa da afinidade com a época das pirâmides. Às vezes se vê, claramente destacada sobre a pirâmide, a cúpula dourada de Meca, que pode ser interpretada como uma autorização para embarcar numa visita espiritual à sabedoria antiga que já esteve à disposição daquela pessoa.

No nível físico, o cristal do frasco pode ser interpretado

como o arcabouço ósseo, o esqueleto. A linha média representa a linha da cintura, o óleo do topo representa o nível superior do corpo com seus respectivos órgãos e doenças, e a fração abaixo da linha média denota a região do corpo abaixo do plexo solar. Embora estejamos falando sobre o físico, precisamos sempre ter em mente que o físico está ligado à natureza espiritual e emocional e que nenhuma parte separada do ser humano é uma ilha em si.

Fisicamente, a pirâmide na linha média, repousando sobre o plexo solar, pode perfeitamente indicar uma necessidade de ajustamento físico tanto num bloqueio originado na região digestiva, ou em termos de nutrição. Aqui pode ser aconselhável ajustar a dieta alimentar. Desnecessário dizer que isso é apenas a ponta do *iceberg* e que o resto cabe a você explorar, tocar e conhecer.

Estrias – linhas retas que costumam aparecer no nível superior do frasco – estão ali como para mostrar uma elevação destinada a trazer para essa vida aquilo que diz respeito a um nível mais alto, os desejos secretos da Consciência Maior. Muito comumente em torno dessas estrias, ou às vezes por si mesma, surge uma substância que parece uma teia, que representa, segundo eu sinto, todos os karmas, aflições, tristezas e turbulências do passado que vão se clareando à medida que prossegue o movimento de elevação. Em última análise, só pode ser uma boa indicação, pois quando aquilo que existia pode retornar através da névoa do tempo para atingir a vida presente, o nível superior do frasco, só pode indicar superação de karma, um tempo de cantar.

Muitos são os diferentes tipos de formação das bolhas, cada um com uma interpretação. Eu vou lhes dar apenas uma orientação para algumas delas. As demais eu deixo para o guia maior que está dentro de você, e para a inteligência Divina.

Várias bolhas grandes tenderão a aparecer. Se uma bolha solitária ocorrer num dos lados do frasco, bem acima da linha média, pode indicar forças opostas, separações, ou uma mente incapaz de decidir. Não confunda isso com os níveis de energia e turbulências mencionados no capítulo anterior.

Uma nuvem esfiapada que atravessa todo o comprimento da linha média indica um cruzamento de vias, um momento de decisão que deve ser enfrentado e decidido. Eu sugiro que, nesse caso, se aplique o óleo balanceado todo-verde, ou a combinação ouro-sobre-verde aplicada de forma generalizada, de tal maneira que a decisão possa ser tomada com sabedoria.

Uma nebulosidade na fração superior freqüentemente é observada naquelas pessoas que têm um problema espiritual, mental ou físico. No nível espiritual, a percepção da pessoa está sendo obscurecida pela mente, que procura racionalizar o que jamais pode ser racionalizado. Nos níveis mental e físico, é quase sempre uma indicação de trauma interior, distúrbio ou confusão mental, mas também pode ser atribuído a traumas e colapsos devidos a circunstâncias externas, situações que subitamente se tornaram desequilibradas ou depressivas.

Um arco côncavo na metade superior do frasco pode ser uma indicação de desequilíbrio na cavidade torácica, e o chakra poderia muito bem ser reforçado e reequilibrado pelo uso do óleo balanceado azul/verde.

No gargalo do frasco, representando o chakra da comunicação, que está conectado à garganta, à boca e à cabeça, bolhas ou uma linha exatamente sobre aquele nível no topo pode ser tratada da melhor forma com o óleo todo-azul "da paz" ou o "Resgate", o óleo azul/carmim, pois nesse caso há uma necessidade de liberar o centro de comunicação para permitir o livre fluxo desde a fontanela até o "terceiro olho". O desaparecimento das bolhas nesse nível poderia ajudar a criar liberdade, clareza de expressão oral e pensamento no futuro.

A porção inferior, do ponto de vista espiritual, representa a alma em sua espiral de "evolução" através do tempo. A primeiríssima indicação de regressão no tempo numa pessoa pode ser o surgimento de uma forma gráfica que aponta para baixo da linha média. Grandes formações de bolhas, em geral com aros, que se estendem para baixo em vários graus, representam as agitações e situações ao longo da "evolução". Por favor, lembrem-se de que as valiosas interpretações e representações não devem ser usadas para diversão, mas ao contrário, como um agente purificador para áreas de perturbação kármica, as infecções que ulceram os pontos precisam ser conhecidas, mostradas e arrancadas. Com a drenagem dessas infecções vem o autoconhecimento, o novo pensamento, a nova vida, a nova força, e a alma pode viajar mais uma vez em segurança e liberdade. Nas mãos de um bom terapeuta de regressão isso pode ser alcançado.

Retrospectos no tempo, padrões que se repetem em pesadelos podem ser vistos como teias de aranha que pendem das frações superior e inferior. O escapamento, denominado "sangramento", da cor da base para a fração superior é freqüentemente interpretado como o passado exercendo influência sobre o presente, na forma de coisas não resolvidas no passado trazidas para o presente.

À medida que escrevo, um fenômeno especialmente interessante me é mostrado. Um terapeuta apresenta um óleo balanceado azul/carmim que mostra, depois de agitado, algo que não fora mencionado antes. Há uma invasão do púrpura que está na linha média para dentro da fração azul do topo. O óleo fica dessa forma por um bom tempo, como se lutasse para romper a barreira e o bloco, até que cai de volta no passado, na base do frasco. Vejo isso como uma luta do passado, a capacidade de cura se empenhando para romper as barreiras e déficits dessa vida com suas desilusões. O jovem praticante espera pelo milagre que, mal sabe ele, está a sua espera! Há um bloco a ser removido, e então toda a força será liberada.

Mentalmente, as mesmas estrias ou bolhas que repousam entre a linha média e o fundo mostram a influência do passado que pode ser usada com sabedoria no futuro. Surgem pentágonos, indicando o viajante do tempo, o habitante do espaço, o andarilho, o praticante da cura, os magos do Oriente que seguiam a estrela.

Fisicamente, o nível inferior é interpretado da mesma forma que o nível superior, mas invertido. Ao invés da forma côncava que aparece na fração superior, temos a formação convexa de arcos no nível inferior. A profundidade que o arco atinge corresponde à localização física dos órgãos do corpo. Assim, se o arco literalmente atingir a base do frasco, a indicação se refere à base da espinha, ao cóccix ou às pernas. Às vezes isso indica por si só uma necessidade de total reequilíbrio dos chakras, pois a espinha é o centro de controle de toda a extensão das costas, e a livre movimentação e o livre fluxo são essenciais em todos os níveis de chakra. Há indícios de que o "Resgate" Aura-Soma e os óleos verdes usados concomitantemente parecem preencher a necessidade nesse caso.

O arco mais acima se relaciona com os órgãos da reprodução, o útero, as gônadas, o impulso sexual. Passamos então o fígado, os rins e a vesícula e chegamos ao umbigo. Um arco apenas um pouco acima indicaria que um equilíbrio se faz necessário no trato digestivo e no plexo solar.

A gravidez pode ser indicada por uma forma oval que cruza a linha média do frasco, às vezes contendo um lindo "girino" ou uma forma fetal em seu interior. Se a cabeça da forma de feto aponta para baixo da linha média com a cauda se elevando como um cometa, indica a vinda de uma alma antiga, uma alma especial, uma criança da Nova Era destinada e programada para a cura desse tempo, mas que também conheceu a vida em outros lugares do universo.

Obscurecimento da fração inferior é indicação de violência ou agressão kármica contra a alma no passado, ou de alguém que experimentou agressão no passado nessa vida. O Pomânder tem um valor inestimável nesse caso (veja Apêndice I), e deve-se aplicar e vestir o rosa por um tempo até que o sentimento de segurança, liberdade e bem-estar retorne.

20. A criança da Nova Era

Há em cada um de nós um conhecimento inato de uma Consciência Maior controlando e dirigindo a força da vida. O homem, desde o começo dos tempos, promoveu cultos religiosos, de acordo com seu grau de evolução espiritual. Era comum nas sociedades primitivas o culto ancestral, que era a religião da China antiga, por exemplo. As mais antigas representações das divindades egípcias antigas na forma de animal ou pássaro apareceram muito antes dos primeiros hieróglifos, e gradualmente deram lugar a deuses de forma humana. O animismo, crença de que objetos inanimados (rios, árvores etc.) e fenômenos naturais (sol, vento, chuva) possuem almas vivas, era comum em muitas sociedades.

Rá – o sol – soberano do céu, era apenas uma das muitas divindades às quais os egípcios prestavam homenagens.

Os incas do Peru cultuavam um deus-criador e, depois dele, o sol, a lua, o trovão e uma infinidade de pedras e árvores. O sol era o deus pessoal dos incas. Ocupava um lugar proeminente na religião do estado e tinha importante papel na consolidação de seu império.

Pouco se sabe sobre a religião druida, mas a partir dos escritos de Plínio e de Júlio César sabemos que os druidas faziam seus cultos em pequenos bosques de carvalhos e provavelmente prestavam homenagens aos poderes da natureza.

Muitas civilizações antigas funcionavam de tal maneira que o rei, líder da sociedade, era também uma reencarnação do deus. Não seria isso, na verdade, o conhecimento interior mais profundo de que o Ente Supremo está no interior da própria pessoa? O homem tem necessidade de cultuar, mas os termos religiosos que ele escolhe somente são importantes até o ponto em que ele possa se relacionar com eles. Assim, há muitos nomes de deuses, muitas religiões e muitas seitas, mas todas conduzem à Luz única.

Cada uma das Essências é um vidro separado
Através do qual a Luz do Ser é passada —
Cada fragmento colorido espalha no sol
Mil cores —
Mas a Luz é única.

Lao Tse

A criança de hoje, nascida no limiar da tão esperada Era de Aquário, é uma criança muito especial, por ser o arauto da Nova Era. Uma grande quantidade de almas que encarnam hoje são programadas para uma finalidade e foram chamadas dos quatro cantos da terra, na verdade de todo o universo – almas antigas, professores, mestres, praticantes de cura do espaço e todos os líderes.

Recentemente ouvi uma afirmação interessante numa gravação em fita do Dr. Guy Manners, sobre a medição de vibrações. Ele disse que as vibrações das pessoas hoje estão crescendo rapidamente. O significado disso, eu sinto, tem a ver com a Nova Era, particularmente com a criança nascida a partir dos últimos da década de 1980.

Essa criança chega com a experiência recolhida em muitos períodos de vida, está aclimatada com as vibrações mais altas e está em perfeitas condições de realizar sua missão dentro dos níveis mais altos.

Tal criança chega com um equilíbrio perfeito, o que significa antes de mais nada que ele vive a vida normal de uma criança, e está assim bem fixado na terra. Deus não priva os Seus escolhidos de sua infância, sua oportunidade de crescer e experimentar. Como eles poderiam se relacionar se não experimentarem? Esse é o seu tempo de "crescer e crescer para dentro". Seus bancos de conhecimento e de memória escondidos aguardam pela última libertação.

Observe-os, pois, embora pareçam crianças normais, há uma qualidade neles que os diferencia. Essas são as crianças de que meu pai falou, protegidas do perigo de "se tornarem tão celestiais que acabem por serem inúteis na terra".

Acredito que aqueles adultos que parecem estar "desequilibrados", que parecem inexplicavelmente viciosos e corruptos, são o produto de sua inabilidade para lidar com as vibrações mais altas atiradas sobre eles sem o devido preparo. Num nível puramente físico, descobriu-se que certas comidas refinadas e aditivos de alimentos podem causar reações hiperativas ou agressivas em alguns indivíduos, especialmente crianças. Ocorre-me, então, que se a comida para o ser físico pode criar tão terrível desarmonia, quantos danos podem ser feitos por meio de vibrações espirituais, o alimento da alma, a pessoas pouco acostumadas.

Certa noite, durante a meditação, recebi instruções. Um novo óleo balanceado estava prestes a nascer, todo um conjunto de cores ligadas ao chakras, específicos para a criança da Nova Era, a promessa do futuro.

O cordão de prata celestial deveria ser representado pela fração superior, clara, livre de qualquer intrusão terrena, relacionando-se com o espiritual, uma indicação de vibrações mais altas que agora se aproximavam. A fração inferior da base representava, como sempre, a cor do chakra.

É um óleo balanceado progressivo planejado para orientar, desenvolver e proteger a criança, desde o momento da concepção e ao longo de seu caminho evolutivo. Existem sete frascos desses preciosos óleos, cada um simbolizando o progresso da criança dentro dos sete pilares da sabedoria, respondendo às necessidades especiais de cada momento do crescimento.

Para orientação sobre como devem ser usadas as combinações dos óleos balanceados, e quando, eu os ordenei para os sete períodos da vida, na forma como os percebo e os vejo. Entretanto, há um guia maior dentro de você. Às vezes um instinto interior lhe dirá quando outro óleo pode ser mais benéfico. Obedeça essa orientação quando vier, pois na obediência está estampado o selo da fé.

O óleo balanceado amarelo/vermelho (B5), o frasco do

pôr-do-sol, é o óleo a ser usado para conceber a criança especial. Para aqueles que querem conceber e criar uma alma especial, o ato sexual deve elevar-se acima do mero ato físico. O desejo deve se tornar perfeitamente equilibrado com a sabedoria e a ternura, e uma unidade espiritual completa deve ser criada entre o casal que se ama. Nesse estado de harmonia, a alma que aguarda pode entrar com alegria e sem temor. Seus pensamentos amorosos e harmoniosos na verdade criam uma energia que envolve a concepção. Essa energia tem uma cor que atrai a alma da criança para o ovo fertilizado.

O óleo balanceado azul/rosa (B20), o frasco da "paz e amor", é uma combinação muito especial e de grande importância para o verdadeiro equilíbrio. Essa linda combinação representa a realização das duas "frações" no interior de cada um de nós, o masculino e o feminino, as qualidades de quietude, compreensão e nutrição do yin perfeitamente equilibradas com o dinamismo feérico do yang.

Deus criou o homem à sua imagem.
Gênesis 1:27

A referência alegórica à costela de Adão usada para criar Eva com certeza era uma indicação de que os dois aspectos do ser se originam de um só corpo.

Azul-sobre-Rosa (B20)

O óleo azul/rosa é uma ajuda para o desenvolvimento equilibrado de ambos os aspectos do ser, sem renegar ou retardar qualquer um deles. É um óleo de realização. Muitos se referem a ele como uma cor da aura e, quando escolhido como tal, é uma indicação de uma pessoa perfeitamente equilibrada. É criativo. Da mesma forma que a criança vem do útero da mãe (o berço da criação representado pela fração rosa), a necessidade de canalizar é centralizada e direcionada pela masculinidade do azul, estabelecendo assim um propósito para a criatividade.

Esse adorável óleo é conhecido como o frasco de "Resgate" da criança da Nova Era. Na verdade, é um versão mais sutil do azul/carmim o "Resgate" Aura-Soma (B1), para adultos. Como tal, o óleo azul/rosa (B20) pode ser usado em bebês ou mães durante a gravidez; é excelente para ambos.

A criança ou jovem que precisa de harmonia e completude deve usar essa combinação, pois é um auxílio essencial para "encontrar-se a si mesmo". Para a jovem menina que precisa se tornar mais assertiva, ou o jovem menino que precisa ser mais carinhoso, esse óleo traz amor e paz. Use-o como proteção contra crises emocionais e como preparação antes de entrar em situações estressantes. Uma aplicação por semana servirá tanto para proteger como para purificar.

Passemos agora para o conjunto de frascos de óleos balanceados para a criança da Nova Era, cinco lindas combinações, cada qual com uma clara fração superior de cor clara. A cor clara em qualquer das combinações é o símbolo da clareza, do cordão de prata, do sempre presente elo com o Divino dentro de nós todos, dando clareza de visão e propósitos, além de consciência espiritual. Ele não foi tocado pela materialidade, e é guiado pelo cordão de prata que se liga intimamente com a coroa, o topo da cabeça, no qual estão contidas as lembranças mais antigas e a sabedoria.

O obscurecimento dessa fração ocorrerá quando as situações não estão em completa harmonia. Quando isso ocorre, o consolo, acredito, é literalmente um purificador da situação por meio das vibrações contidas nos óleos.

A cor clara retrata o início da jornada espiral da alma, ainda não enredada ou tocada pelo karma. Em sua absoluta pureza e propósito, ele representa a alma imaculada antes que a jornada da vida coloque seus dedos sujos sobre ela.

Clara-sobre-Rosa (B11)

Primeiramente vamos considerar a combinação clara/rosa, um óleo de amor espiritual profundo. Durante os primeiros meses do bebê, quando as fontanelas ainda não se fecharam, a criança ainda está sintonizada com o infinito e deve ser mantida assim enquanto estiver recebendo informação no banco da memória desse precioso recipiente. Deus diz a Seus anjos: " Não fecharemos essa cavidade no cérebro enquanto estivermos enviando por todo um ano todas as lembranças do passado e o conhecimento para o futuro, os quais podem ser liberados quando eles chegarem a seu tempo de sabedoria." O corpo físico da criança se desenvolve ao longo de suas próprias linhas, preparando a estrutura que é o suporte do verdadeiro ser para o resto de sua encarnação.

Meninas vão se identificar com esse lindo e claro óleo rosa. O velho dito "rosa para a menina e azul para o menino" tem seu fundamento de fato na verdade. (Acredito, porém, que na Bélgica esse dito é invertido!) A feminilidade sempre foi expressa através do suave, gentil, amoroso rosa, significando também a proteção da mãe que instintivamente alimenta e preserva a criança contra a agressão.

O óleo balanceado clara/rosa é o óleo "ame-se a si mesmo". Durante a evolução da alma, experiências duras e a formação do karma levam a perder muito do amor próprio. A alma terna se encontra às vezes empurrada pelas circunstâncias ou desejos ao canal errado do desenvolvimento espiritual, navegando como se estivesse sob cores falsas. É durante esse tempo traumático, quando o amor e o respeito pelo eu está perdido, quando internamente alguém sabe que o verdadeiro ser está sendo traído, que as "projeções" psicológicas começam. Se você não estiver apaixonado por você mesmo, como você poderia amar outros, seus vizinhos? Será que você não vai com certeza projetar sobre eles todas as frustrações, fracassos, falhas e arrependimentos que colorem sua vida e o ódio da traição a seu ser interior? Será que em silêncio você não os acusa de tudo o que você mais odeia em você mesmo, pois eles não se tornaram um espelho de você mesmo? Amar a si mesmo é destrancar a porta para amar outros e em troca ser amado. O óleo balanceado clara/rosa, o frasco "ame-se a si mesmo" – a si, como você era, como você pode ser e como você pode ser – é o óleo terapêutico que deve ser usado regularmente para garantir a auto-estima, o conhecimento do verdadeiro eu e a clareza de visão. Muitas pessoas mencionaram a mudança em si mesmos e em sua situação após utilizar esse delicado óleo.

Uma pessoa na vida adulta, que busque uma visão clara do amor, tanto do dar quanto do receber, deve usar esse óleo. E pode ajudar não apenas aqueles cujas dificuldades de problemas de infância não resolvidos mas também aqueles com qualquer doença que caia na categoria geral de psicossomática.

Clara-sobre-Azul (B12)

Deixa-me tomar tua mão
Que eu posso compartilhar contigo
A paz do azul celestial,
Que a mão querida do amor
Te receba bem e
Coloque uma coroa real
Sobre tua cabeça.

Edna Holford

O óleo balanceado clara/azul se refere ao menino, ajudando-o a estabelecer sua identidade. É um azul suave, trazendo o elemento mais tranqüilo que é necessário às vezes com o menino mais barulhento. Com uma criança hiperativa ou até agressiva, o aspecto feminino do rosa deve ser aplicado na ocasião para restabelecer o equilíbrio que foi perturbado. De modo oposto, o óleo clara/azul pode ser usado na menina a quem falta assertividade ou confiança, ou que talvez mame preguiçosamente quando bebê, garantindo assim a maior medida de assertividade que é obviamente necessária. Se essa mesma falta de confiança surgir num menino, então um azul mais escuro, talvez com um traço de vermelho, pode ser indicado. O "Resgate" Aura-Soma para adultos, o óleo azul/carmim (B1), se encaixaria admiravelmente.

No nível físico, o clara/azul ou o frasco da "paz" total, o óleo todo-azul, pode ser usado durante febres, períodos de mau humor e durante qualquer das doenças infecciosas que as crianças enfrentam. Descobrimos que mesmo visualmente parece que traz paz, calma e esfriamento para seus arredores, podendo, portanto, se comprovar uma dádiva no quarto de um doente.

Na adolescência, ele pode implicar um senso mais profundo de propósito e uma tranqüilidade interna, e é bom para qualquer pessoa que esteja buscando paz e clareza. Pode ajudar o adulto que precisa examinar sua infância a fim de se tornar totalmente desperto para o presente. Também pode ser um signo de que alguém está desfazendo a confusão da vida de alguém de acordo com um propósito espiritual mais profundo. Freqüentemente aqueles engajados em qualquer forma de cura, inclusive a cura de si mesmos, encontram ajuda nessa combinação específica.

Clara-sobre-Verde (B13)

Deixa-me tomar tua mão
Pois o toque suave
Criará espaço
Para as mentes se encontrarem
Na doce fortaleza do amor,
E tu podes repousar
Sobre o tenro verde.

Edna Holford

Agora falaremos sobre a combinação do óleo balanceado clara/verde. Há um estágio do qual todas as mães devem ter consciência, quando a criança está literalmente tentando encontrar seu próprio espaço pelo toque, a busca, a investigação de tudo em todos os lugares. Algumas vezes as pessoas se referem a essa fase como "os terríveis dois anos de idade". Pais e avós sentem que um pequeno esquadrão de demolição chegou em seu meio e todos os objetos preciosos são removidos para locais fora do alcance daqueles dedinhos.

Enquanto a fração branco transparente permite à criança encontrar sua posição espiritual (pois nesses anos de formação ela precisa ser mantida próxima do lugar espiritual de onde veio), o verde ajuda a criança a conhecer a si mesma, seu lugar nesse mundo, e traz um conhecimento interior de sua relação com o espiritual.

O verde é a cor que ajuda a tomar decisões e a ter clareza de pensamento. Combina muito bem com os momentos de "decida-se" ou quando alguém chega a uma encruzilhada na vida. Há um estágio na vida de todos nós no qual precisamos saber onde estamos indo e com quem, esquecendo os porquês e para-quês e seguindo adiante com determinação e fé.

Verde é a cor do chakra conhecida como provedora de espaço, ou provedora de lugar, e nesse contexto ajuda a dar confiança para relaxar nossos conceitos, atitudes e postura de tal maneira que, junto com o branco transparente, pode-se experimentar uma consciência em expansão que leva a uma maior harmonia com nosso ambiente. Já se disse que, num nível mais baixo de pensamento, o verde pode gerar vantagens materiais. Entretanto, num nível mais alto, eu sinto que se o espaço for suficiente, se o lugar é o mais certo e a decisão correta é tomada, tudo virá naturalmente.

Os espíritos da floresta, nascidos nos bosques e em sintonia com a Mãe Terra e suas criaturas, assim como as pessoas que gostam muito de animais, e também os praticantes da cura em animais, todos têm uma profunda necessidade do verde. Há vida dentro da vida nas florestas, e os mistérios ali são revelados apenas àqueles com olhos para ver e ouvidos para ouvir. Clarividentes têm grande afinidade com o verde, pois sua visão não é como a dos outros.

Esse óleo alivia a claustrofobia e é quase sempre escolhido por pessoas que se sentem confinadas pelo trabalho rotineiro ou espaços fechados – os introspectivos e os que trabalham desde a manhã até a noite. Os indecisos podem ganhar muito pelo uso de qualquer combinação de verde, e o óleo clara/verde pode ser substituído por qualquer dos outros óleos para o chakra do coração ou ser usado em conjunto com eles.

Clara-sobre-Ouro (B14)

Deixa-me tomar tua mão
Pois podemos encontrar o caminho
Com o puro ouro do amor
Para aliviar tua dor,
Elevar teu coração
Abrir tua alma
Para os raios da sabedoria.

Edna Holford

Esse período na vida de uma criança, com seus horizontes que se ampliam e o maior alcance dos relacionamentos que envolvem colegas de escola, professores e, em última instância, namoradas e namorados, pede mais sabedoria e proteção. Os pais sabem muito bem que precisam às vezes recuar ligeiramente durante esse período à medida que vêem seus filhos avançando em direção à vida. Eles, cientes dos perigos, tentações, dores e desilusões que aguardam o momento para aparecerem, descobrem que, no anseio de compartilhar, proteger e orientar, a arma das palavras é inútil. Uma circunstância agravante da situação é o crescente desejo da criança de fazer por si só, como indivíduo que exerce seu direito, e ainda precisa rejeitar a ajuda que vem do amor. É o tempo deles, seu período de crescer. Muitas vezes senti que há uma necessidade mútua de sabedoria nesse caso, para a criança e para os pais, e que a aplicação do ouro para sabedoria se aplica a todas as pessoas e deve ser usado por todos, ligando o filho e os pais ao cordão de prata, para protegê-los e guiá-los todos.

Chegamos agora ao tempo, quando se torna adolescente ou jovem adulto, quando o que lhe foi dado nesse nascimento terreno, antes de fecharem-se as fontanelas, pode ser canalizado de forma sábia. O banco de lembranças do passado é o elo com o futuro. Agora o jovem pode recorrer ao dom do cordão de prata de seu banco de lembranças e usá-lo no presente, e usá-lo bem.

Lembre-se, o amarelo ou ouro em qualquer combinação na fração superior se refere à sabedoria e a fornece. Amarelo/verde (B7) traz sabedoria para escolher e usar seu espaço e seu lugar corretamente. Amarelo/vermelho (B5) traz uma sabedoria equilibrada para a canalização das energias terrenas e sexuais. Amarelo/azul (B8) traz sabedoria para aquele que cura, trazendo paz e harmonia para todo o ser.

Clara-sobre-Violeta (B15)

E agora chegamos ao clara/violeta. Atingimos o tempo em que a criança com toda a sua coleta de experiências terrenas, suas tentações, momentos de glória e tristes fracassos, precisa não apenas "recompor os pedaços" para elevar-se a seu lugar certo, utilizando-se de tudo o que passou, mas também se esforçar para não perder nada disso e, ao contrário, fazer que lhe seja útil. Se alguém tentar enterrar essas experiências, esteja certo de que elas virão à tona novamente sob a forma de momentos obscuros e inoportunos, resultando em obsessões, bodes expiatórios sobre os quais despejar suas desculpas e ressentimentos. As experiências, boas ou más, trazem crescimento e devem ser úteis.

O violeta traz elevação mas com perfeito equilíbrio entre céu e terra, conduzindo ao pensamento claro e à objetividade com relação ao verdadeiro papel e à missão de um indivíduo na vida. Para a criança de mais de dez anos de idade, é talvez uma proteção, um equilíbrio que é necessário para prevenir os impulsos terrenos que agora despertam e fazem submergir a harmonia do verdadeiro ser. O violeta, uma cor que eleva, protege, dá resistência contra as tentações mais baixas e ainda permite a plena consciência da necessidade das energias da terra em sua integridade, ajudando a trazer um pouco de céu para o equilíbrio da alma na terra.

Para o adulto, quando olhamos para esse óleo não vemos o visionário, o artista criativo, o poeta, o escriba com sua pena mais poderosa que a espada? Não vemos também o praticante de cura? Quando digo o praticante de cura, destaco que uso essa expressão do ponto de vista de todos os aspectos da cura, de todas as suas fontes em todos os mundos, visível e invisível. Nossa mente perscrutadora – pois como se disse, o alcance de um homem não deve nunca exceder seus limites – está sempre se elevando dentro de nós, por mais que tentemos silenciá-la. A meditação e a abertura do "terceiro olho" são muito influenciadas por essa cor. É importante lembrar de colocar algum vermelho nas imediações também, para dar a "ligação à terra". Assim, quando meditar com o óleo violeta puro, é essencial ter o óleo balanceado todo-vermelho (B6) ou uma combinação de vermelho dentro da sala ou aplicado nos pés ou nas mãos, a fim de dar ligação à terra. Por mais alto que uma pessoa viaje no tempo e no espírito, seus pés devem permanecer no chão.

O óleo clara/violeta é a versão espiritual do "Resgate" (B1), trazendo a clareza na meditação, a pureza de pensamento e a sabedoria de almas antigas. Promove a tranqüilidade, a clareza e o discernimento em todos os níveis: material, emocional e espiritual. É um antídoto de valor inestimável para a agressividade e a amargura, e ajuda no tratamento das pessoas mentalmente perturbadas, recompondo-as em todos os níveis – pois aqui, embora a alma tenha conhecimento de sua própria harmonia, a mente e o corpo ficaram desunidas. A combinação clara/violeta é uma proteção contra a necessidade de estimulantes artificiais como drogas, álcool e todos os excessos e abusos. Eles podem estimular o corpo, mas destroem a alma.

***

Esse conjunto de óleos balanceados espirituais surgiu não apenas para a criança equilibrada, mas para a pessoa "desequilibrada", pois por meio deles as causas fundamentais podem ser atingidas e tratadas, e o verdadeiro ser pode se revelar. Alcoólatras, viciados em drogas, pessoas violentas, possuídas, deprimidas, frustradas e desesperadas, todos aqueles que não estão se relacionando com seu verdadeiro eu, e com o Ente Supremo dentro de cada um deles, tendem todos a encontrar ajuda através dessas combinações.

21. Essências, Pomânderes e Quinta-Essências

Uma chama escura se elevou nos recônditos mais secretos do mistério de Ain Soph, o Infinito, como um vapor que toma forma a partir do amorfo, circundado pelo anel da esfera, nem branco nem preto, nem vermelho nem verde, nem de cor nenhuma. À medida que a chama começava a tomar forma, produzia cores radiantes. Uma fonte dela brotava e se espalhava sobre tudo o que estava abaixo.

Do Zohar

O conhecimento que eu adquiri na farmácia do boticário não era para ser abandonado e perdido quando me tornei uma quiropodista. Continuei a juntar ervas e flores. Extraía suas essências para usar em meus cremes e loções curativas e, posteriormente, nos óleos balanceados. Em Kings Ransom cultivávamos plantas aromáticas com essa finalidade. Eu usava somente plantas vivas, nunca secas.

De meu pai aprendi que essas energias vivas deveriam ser usadas somente quando chegasse a época certa. Eu colhia as que estavam prontas, plenas de seus poderes, no momento em que o sol brilhava em despedida ou logo depois que o orvalho derramara sobre elas sua bênção.

Depois de tê-las colhido entre preces, elas eram então colocadas, como uma criança, dentro do útero da mãe e se tornavam uma suspensão de amor incondicional. Nessa suspensão, como uma criança que espera para emergir, elas esperavam o tempo certo. Ao completar o prazo, elas então avançavam e penetravam em sua nova vida, sua reencarnação.

Enquanto estava em Kings Ransom, sob inspiração, criei coleções de essências de plantas em garrafões de gargalo curto e recobertos e palha, uma herança da farmácia. Cada garrafão continha 49 extratos e essências, embora a proporção em cada um deles variasse. Quando nos mudamos de Kings Ransom, levei meus "bebês", como eu os chamava, comigo, e continuei a juntar outros. Eles esperavam para cumprir sua finalidade, por seu tempo de agir. Cerca de quinze anos mais tarde, depois que os óleos balanceados haviam nascido, de repente recebi uma instrução: – Liberte essas energias vivas, essas plantas, chegou o tempo de elas aparecerem.

Eis como o Pomânder Aura-Soma de bolso surgiu. Há atualmente muitas variedades que, assim como as originais, têm, cada uma, uma cor diferente, seu verdadeiro propósito ainda à espera de ser revelado.

O nome Pomânder foi criado durante a Idade Média, para designar um método de emissão de emanações para finalidades protetoras e curativas. Desde o começo da consciência humana, o incenso foi usado pelos sacerdotes de cultos religiosos. Os incas usavam ervas sagradas colocadas no centro de um coco perfurado. Nos tempos elisabetanos, dava-se um buquê de ervas aos juízes da corte comum para vencer invasões poluentes e infecciosas. Pomânderes de ervas eram usados como proteção durante a Grande Peste mas muitas das substâncias sagradas se perderam no tempo e tiveram seu significado obscurecido. As emanações acabaram se distanciando do círculo da Criação.

A Aura-Soma redescobriu as emanações originais em seus Pomânderes com o significado numerológico do 49 – sete vezes sete ervas simbólicas dentro de cada uma das emanações liberadas.

Substâncias venenosas estão sendo lançadas sobre a terra e as plantas hoje parecem saber que estão sob ameaça. As essências preparadas recentemente, comparadas àquelas existentes há vinte anos parecem mais agressivas e levemente acres. As pessoas também parecem mais agressivas, talvez intuitivamente conscientes de uma ameaça na atmosfera.

O Pomânder Aura-Soma de bolso veio a existir pouco antes de nossa segunda visita à Dinamarca em abril de 1986. Foi a época do acidente de Chernobyl e a Escandinávia estava na rota da precipitação radiativa. A precipitação radiativa era tão intensa que antes que nos déssemos conta aconteceu de Mike e eu termos comentado sobre a aspereza de nossos lábios e gargantas. Intuitivamente aplicamos o "Resgate de bolso" e descobrimos que aliviava os sintomas. O Pomânder e o "Resgate de bolso" se revelavam.

No fim da exposição em que tínhamos montado um estande, a atmosfera estava pesada. Entre os visitantes havia usuários de drogas e fumantes e os organizadores tinham algumas pessoas que andavam por todo lado com montes de ervas para dispersar a atmosfera pesada, sem dúvida apoiados no mesmo princípio do buquê dos juízes. É possível que a combinação de ervas não estivesse correta, pois não estava funcionando. Enviei Mike Booth e um ou dois ajudantes para espalhar Pomânderes pelo local. Os organizadores vieram a nosso estande e comentaram sobre a melhora da atmosfera, e por acaso compraram alguns Pomânderes. Desde então adotamos o hábito de usá-los sempre que a atmosfera é ameaçadora.

Para usar o Pomânder, aplique-o às palmas das mãos e então "espalhe-o" no ar em torno da cabeça e da periferia do corpo, garantindo, assim, proteção para os chakras e o campo eletromagnético. Muitos estão atualmente utilizando esse método de proteção e a demanda tanto na Grã-Bretanha quanto no exterior cresce diariamente.

Outra poderosa emanação liberada para a Nova Era é "Quinta-Essência Mestre". Cada Quinta-Essência vem num lindo tom claro e contém essências especiais. Ela atua num nível mais alto que o Pomânder e é aplicada no pulso e então passada sobre a cabeça e sobre o aspecto frontal e áurico do corpo, abrindo, assim, as percepções intuitivas e espirituais dentro do ser. Já se referiu a ela como "a linha direta com o céu", formando uma ponte entre o usuário e o Mestre espiritual ao qual ele ou ela está relacionado, aquele que tem o mesmo comprimento de onda e está sintonizado ao grupo de almas do usuário.

Embora o óleo balanceado difira do Pomânder e da Quinta-Essência no sentido de que se aplica sobre a pele, enquanto os Pomânderes e Quinta-Essências emitem emanações aromáticas, em todos os três a cor é a chave que abre a porta para os comprimentos de onda do corpo.

Voltando ao reino vegetal, certas plantas têm acesso espiritual ao "Grande Jardim do Ser" e podem ir para trás e para a frente sobre a ponte de ligação. O lindo rosa, especialmente, avança e recua durante sua estação. Todos o conhecem no Jardim. O amor que ele personifica é o amor incondicional que ele encontra no outro lado e traz com ele quando retorna à terra.

Ao longo dos anos, desde a infância, as cores das flores – o retrato externo de sua virtude interior, a essência de seu ser, sua aura, sua alma – sempre exerceram um fascínio especial sobre mim. Eu acredito, e eu soube que essa crença se disseminou, que as flores e animais (inclusive os seres humanos) têm uma linguagem própria e um meio de comunicação.

Se uma pessoa aceita a comprovação "científica", as plantas reagem a cores e à música, e também à conversa entre elas e os seres humanos. A música aparentemente faz surgir um movimento dentro das plantas. As flores brotam em contato com o amor e a conversa e reciclam-nos através de sua própria beleza, demonstrando assim seu amor. Será que as próprias plantas não se elevam em sua essência para encontrar a luz, da mesma forma que nós fazemos? Será que não existe um chamado para o centro de seu ser, assim como há para nós? Elas não dão suas vidas alegremente, já que se apresentam nos três acontecimentos mais importantes do ciclo de vida humano – nascimento, morte e casamento – como uma expressão de seu amor? A doação é tanto delas quanto nossa. Elas lutam, como nós, para que as cores retornem ao mundo, para que a cura e o amor possam reinar. A alma da flor é suprema em sua doação e espiritual naquilo que busca obter.

Gradualmente nasceu em mim o pensamento, quando estava entre minhas queridas flores e ervas, que eu estava iniciando o processo de lhes dar a vida eterna, da mesma forma que meu pai havia feito antes de mim. Por meio da doação de si próprias para a cura e a alegria de outros, elas fazem um verdadeiro sacrifício de amor. Cabe a elas, como a nós, realizar sua beleza na terra e viver eternamente depois. Haveria a possibilidade de a flor que se sacrifica no altar do amor algum dia se tornar parte da alma para a qual ela foi sacrificada? Não poderíamos supor também que na doação suprema e final de suas vidas, as flores se tornam parte do Ente Supremo?

Quando preparava essências de flores, eu às vezes encontrava a cor da flor refletida na cor da essência e às vezes ela permanecia incolor. Quando esse é o caso, a pessoa encontra afinidade dentro das flores, frutas e folhas relacionadas com as cores, indicando o chakra ou a estação com a qual está envolvida. Por exemplo: lavanda – chakra da cabeça; calêndula dourada – epiderme, sistema nervoso, estômago etc. Comecei a perceber que a cor associada com a planta tinha afinidade com as cores dos chakras humanos.

Vermelho

Vermelho é o estimulante, energizador, e está conectado com a paixão, a ambição, as emoções básicas, o impulso sexual e tudo o que é "terreno", sem o que a vida não teria continuidade, o líder não teria direção e o praticante de cura não teria apoio. Astrologicamente, Marte está relacionado ao vermelho; a pessoa de Leão precisa do vermelho para se elevar e muito freqüentemente na hora de escolher um óleo balanceado escolherá o vermelho, combinado talvez com ouro. Um clarividente, quando deseja se comunicar, se apóia no vermelho para obter as energias de que se alimentam os guias invisíveis.

Das essências relacionadas às cores, claramente a da rosa vermelha é o símbolo geralmente aceito para o amor. O hipericão, ou erva-de-são-joão, que tem talo e frutas avermelhadas, produz um vermelho muito lindo quando se lhe adiciona óleo. O gerânio rosa é maravilhoso, pois traz ligação à terra para a parte espiritual do amor, realizando assim o perfeito equilíbrio. O ilangue-ilangue, muito apreciado pelos chineses, é tão reenergizador que já foi chamado de afrodisíaco da natureza. Também devemos mencionar a apreciada bergamota, que produz harmonia quando usada em conjunção com a maior parte das essências relacionadas.

No nível físico, as essências relacionadas com o vermelho trazem a cura, ao colocar em movimento energias que já se encontram na pessoa. Elas trazem energias terrenas muito necessárias, e trazem amor. Essas essências em particular estão incorporadas dentro do óleo balanceado todo-vermelho, e, na verdade, dentro de todas as combinações de base vermelha da série da Aura-Soma.

Rosa

A essência relacionada ao rosa está estreitamente conectada com as qualidades femininas, o útero e o amor criativo e incondicional tão bem-conhecido das mulheres. Expressa-se claramente na essência do rosa – aquele lindo rosa das conchas – e o gerânio rosa. O rosa da madrepérola é uma cor de grande significado para os atlantes no que diz respeito à cura, especialmente para problemas da vesícula ou do útero.

O rosa tem seu lugar único. É raramente visível na essência mas está claramente exposto na flor. Traz gentileza, calma e tranqüilidade, e traz suas próprias propriedades curativas através dessas virtudes, literalmente pondo uma pessoa "num mundo rosa". A expressão "num mundo rosa" certamente se refere àqueles momentos em que há completa sintonia e harmonia no interior de todo o ser, aquele momento em que amar a si próprio espiritualmente e mentalmente permite que o bem-estar físico venha em conseqüência.

Relatos sobre o uso dos óleos balanceados que contêm as essências mencionadas comprovaram ser de grande benefício onde quer que haja hiperatividade no crescimento das células.

Laranja e Ouro

As flores, como as pessoas, têm sua própria cor de identidade da aura. Como a cor da flor quase sempre coincide com a cor do chakra humano, tem-se uma pista definitiva sobre o possível uso da planta na cura, em todos os três níveis: físico, mental e espiritual. Descobrimos, assim, que a calêndula laranja-escura, conhecida como cravo-de-defunto, está estreitamente relacionada aos distúrbios do intestino no plano da memória, e lida com choques, e também com karmas que perduram ao longo dos séculos assim como aqueles do presente que estão criando bloqueios, medos e perda de energia. A calêndula dourado-escura, associada por sua própria cor à área do plexo solar, o "cruzamento das vias" do ser, é profilática, e também poderosa para remover bloqueios originados no passado ou no presente que estão ligados a problemas de pele e nervosos. Ela traz a luz do sol para desembaraçar a mente e os músculos. Pelo uso do Banho de Beleza Calêndula Aura-Soma, alcança-se equilíbrio perfeito, alívio e renovação.

Dentro dessa área de chakra estão reunidas todas as plantas de aroma semelhante ao do limão – como melissa, erva-cidreira e capim-limão, para citar apenas três. Todos os cítricos são valiosos no combate a forças estranhas e substâncias ou situações agressivas. Eles produzem sua própria luz solar e vitamina C, depositando sua contribuição no caldeirão da cura, um verdadeiro feixe dourado de vida e luz.

Visualizemos em seguida os cachos de flor de laranjeira que as noivas usam e ganham e também aqueles que estão iniciando uma vida nova. A essência de flor de laranjeira, conhecida como nerol, tem, acredito, uma associação especial com os países produtores de laranja. Muitos poderão muito bem achar que essa essência em particular, além de suas muitas outras utilidades, pode induzir lembranças de reencarnações prévias nos países mediterrâneos. O teste da essência em geral é a própria resposta da pessoa a ele. Tenha em mente que quando há verdadeira aversão a um aroma a pessoa pode acabar descobrindo que ocorreu uma experiência dolorosa, seja no passado ou no início dessa vida terrena. É bom usar essa essência para limpeza kármica, pois é o bloqueio que traz a reação.

Quantas vezes um aroma arremessa alguém de volta no tempo? O cheiro inesperado de uma associação da infância que estava esquecida pode de repente revolver lembranças. Há algo de misterioso no nerol, é interessante notar que a pessoa que não pode tolerar seu cheiro é aquela que não deseja olhar para trás, para o passado. Devido à associação do nerol com o passado e o presente, e devido ao fato de os sonhos e insônia serem usualmente associados com lembranças do passado ou problemas do presente, é fácil entender por que essa essência, uma ou duas gotas na água do banho, tem um efeito soporífero. Como perfume, é muito aceitável para algumas pessoas, e uma gota colocada atrás da orelha provocou relatos surpreendentes de aberturas do "terceiro olho".

O dourado girassol, com sua face eternamente voltada para o sol, seu coração explodindo a autêntica semente de sua existência, ocupa seu lugar ao lado de todas as essências. O girassol na verdade é um catalisador para todas elas, um recipiente espiritual, no qual todas elas podem repousar em suspensão como no útero da Mãe Terra.

Não podemos encerrar essa parte sem uma breve olhada para trás para a doce camomila com seus dedos gentis que afasta todos os pequenos distúrbios do trato digestivo. Sua capacidade de dar aos cabelos um brilho de raio de sol, restaurando e trazendo o ouro que repousa no interior, é assombrosa de se ver.

Verde

Agora chegamos ao verde, o chakra do coração, o doador de espaço, o controlador, o que cura, o "tudo em tudo", um verdadeiro carregador de calma e erradicador de karma, a cor complementar de todas as ervas e essências curativas, pois toda planta tem a base verde em seus caules e folhas.

Certa vez, um cromoterapeuta comentou sobre a combinação azul e verde do óleo balanceado, a linda jóia do coração. – Não se usa azul e verde juntos – disse ela, horrorizada.

– Por que não? – perguntei estupidamente, pois todas as minhas combinações de óleos eram feitas sob inspiração.

A cromoterapeuta balançou sua cabeça: – São cores adjacentes no círculo das cores – disse ela.

Eu sorri. – Que círculo? Não seria melhor usarmos a linha direta com o céu e informar a Deus que ele cometeu um engano, que a orgulhosa cabeça azul da centáurea que repousa sobre seu caule verde, envolvida por suas folhas verdes, ou o doce miosótis acomodado em seu ninho de folhas verdes não estão de acordo com o círculo?

Houve um silêncio. Pouco tempo depois, a terapeuta mudaria de idéia, pois o óleo balanceado azul/verde (B3) trouxe muitas reações favoráveis.

Está claro que o verde das plantas atua na cura generalizada. É o centralizador da planta, o supridor e regenerador a partir do qual todo o ser da planta se levanta. Se o caule está doente, a flor sofre. Da mesma forma, no caso do ser humano, se a aura está doente, o resto do corpo sofre. O verde pode ser aplicado a qualquer área de chakra como apoio complementar para a outra cor desejada ou necessária.

Passamos agora ao alecrim, guardião do jardim, aromático, o defensor contra todos os elementos agressivos. O alecrim traz a atividade da mente e da memória. É estimulante, factual, e com suas flores violeta e folhagem verde é eficaz em ambos os extremos do espectro para trazer o bem-estar do corpo humano. Ou seja, essa erva lida excelentemente com os problemas da cabeça como estimulante para os cabelos, purificador, fortificante, e ajuda no intestino e contra todos os invasores no local. Assim, o alecrim é uma essência de alto a baixo, e um bom amigo para todos!

Nessa categoria também temos a bergamota (a parte folhosa), a divindade verde, a portadora da harmonia completa, doce em essência, sem ser enjoativa, aglutinando tudo. Bergamota é um adjunto para todos, ainda, devido a sua natureza, é capaz de se retirar para o fundo. É uma alma gentil que dá a todos o amor incondicional tão necessário dentro do mundo das plantas e dentro da alma humana.

Azul

Chegamos agora ao azul e vemos as instâncias da cor da flor tendo uma relação com a área do chakra da mesma cor. Encontramos aqui a centáurea e o miosótis. Pela própria natureza de sua cor, eles se relacionam com o chakra humano mais alto, a garganta e a cabeça, e são benéficos para quaisquer necessidades nessas áreas. Lembranças passadas pulsam através do miosótis, os desejos da alma que buscam encontrar sua expressão, os anseios que se apoderam de alguém de forma inesperada quando a alma se eleva e grita: – Você se lembra? E eu?

Azul é aquele que traz a paz. Um ponto relevante é que o verde contém a profundidade do azul dentro dele. Isso é especialmente verdadeiro para o jade, a cor da cura e a jóia dos chineses, e do turquesa, uma cor entre o azul e o verde, que lida com as emoções e a realização espiritual.

Rosa choque

Rosa choque é uma combinação dos extremos violeta e vermelho do espectro, respectivamente o mais alto e o mais poderoso comprimento de onda. Rosa choque, formado pelo corante fucsina e chamado rosa choque (conhecido como magenta) por ter sido descoberto por volta da época da batalha de Magenta, na Itália, em 1859, comprovou ser uma cor curativa muito eficaz. A tintura rosa choque tem sido usada com sucesso desde sua descoberta, e eu a usei em minha clínica para o tratamento de pé-de-atleta, e outras infecções devidas a fungos e vírus. Farmaceuticamente, era conhecida na época como tinta do Dr. Castellani, mas atualmente é chamada de tintura rosa choque. Se se olhar o rosa choque bem de perto, vê-se que oferece o melhor de muitos mundos: o rosa da gentileza e do amor, lidando com as fontanelas do crânio; violeta, a ponte para a cura; e o vermelho da terra, o poder de ligação à terra. O rosa choque da dedaleira, a erva-dedal, alivia espasmos do coração.

Violeta

Para o chakra mais alto devemos pensar no violeta, a cor violeta-escura do amor-perfeito, e da lavanda com sua nobre dignidade e fragrância curativa, trazendo equilíbrio àquilo que está sob estresse.

22. Milagres menores

No tempo da guerra, eu trabalhava durante todo o dia na farmácia, que a essa altura já firmara uma reputação por fazer perscrições personalizadas. Um velho amigo, oficial de alta patente do acampamento da Força Aérea que ficava ali perto, veio me visitar.

– Temos um problema no acampamento – disse ele, forçando um sorriso. – Todas as sextas-feiras há uma inspeção de armários. Isso quer dizer que vários oficiais têm de visitar os dormitórios dos homens. – O sorriso ficou ainda mais forçado. – Pode imaginar, Vicky, todos aqueles homens no mesmo dormitório? Nem em internatos se vê algo assim. Um simples passo além da porta de entrada pode ser letal, e olhe que isso significa estar a pelo menos dois metros de distância do soldado mais próximo!

Sorri de volta. Eis um problema que eu compreendia – perspiração e mau cheiro dos pés. Na profissão de quiropodista a que mais tarde me dediquei, era um problema freqüente. Sinto que todos os odores do corpo, e esse em particular, têm seu lugar próprio e muito especial – a pelo menos cem quilômetros de distância de qualquer outra pessoa!

Sempre disposta a enfrentar uma necessidade ou desafio, levei o problema para minha meditação e então foi concebido o "Nova Bem-Aventurança", batizado em homenagem a um hino religioso que ouvi – "Todos os dias a bem-aventurança se renova". Foi imediatamente usado e apreciado, e continuou a ser recomendado e aviado em minha clínica, trazendo alívio e paz para muitas pessoas.

Devo mencionar que em todas as minhas inspirações e preparados sempre parecia haver vários níveis e aspectos. Margaret, por algum instinto que, confesso, me surpreendeu, decidiu usar o "Nova Bem-Aventurança" para hemorróidas. A primeira paciente a usar foi a mulher de um médico. O óleo já se comprovara eficiente em erupções devidas ao calor sob os seios e nas virilhas. Era sem dúvida uma grande distância até os pés, mas em todos os casos em que foi aplicado se comprovou um sucesso onde outros preparados haviam falhado.

Esse preparado em particular contém uma essência que é usada especificamente contra agressão e todas as situações em que existe ameaça ou distúrbio. Picadas de insetos, tornozelos inchados e distensões, todos esses quadros parecem reagir bem ao preparado. Sempre resisti à idéia de um preparado "cura-tudo", mas cerca de cinqüenta anos de observação de reações me ensinaram a repensar essa noção. Sou forçada a reconhecer os impressionantes méritos de uma loção que foi pensada para os pés. O "Nova Bem-Aventurança" foi posteriormente rebatizado "Foothold" (apoio para os pés) e hoje se chama "Carefree" (despreocupado).

Todos os meus "filhos", concebidos e nascidos por meio da meditação e da inspiração, parecem ter, de alguma estranha maneira, sua própria vida distinta, sua finalidade e seu anseio. Só posso sentir que é o surto de vida das essências e energias vivas colocadas dentro deles pela própria Luz, pelo Absoluto.

Passo mais à frente para comentar agora o Banho de Beleza, nascido há 48 anos, quando foi chamado "Xampu para o corpo". É um xampu que não contém saponáceos e com qualidades excepcionais e profundamente purificadoras perfeitamente equilibradas com óleos essenciais e ervas destinados a repor de forma natural os óleos do corpo.

Ao longo dos anos, ouvimos o relato de muitos pacientes que usaram o Banho de Beleza, e muitos não usam nada além disso. Eles relatam casos de artrite mantidos sob controle. Num dos casos, um ferimento ocorrido havia doze anos e que resultara num pescoço imóvel e torto de repente se soltou e desde então recuperou seus movimentos. Depois que me aposentei da clínica, e após o miraculoso advento da era da Aura-Soma, o portão da Nova Era, recebi uma instrução para rebatizar tudo o que havia sido criado antes. O "Xampu para o corpo" passou a se chamar "Banho de Beleza".

Todos esses preparados parecem ser incompreensíveis dentro de um contexto materialista e devemos certamente nos lembrar de que é um erro tentar explicar o inexplicável.

Existe um estado que não parece reagir, a não ser de forma temporária, ao tratamento convencional. Toma a forma de pruridos e até de pústulas ao redor dos órgãos da reprodução. Recebemos muitos relatos a respeito. Esse estado parecia reagir a uma cor de chakra em especial do Banho de Beleza, o amarelo pálido, com seus extratos e essências especiais.

Como um simples preservador da juventude e da beleza, o Banho de Beleza mais do que comprovou seu valor. Quando estivemos na Dinamarca durante o acidente nuclear de Chernobyl, os meios de comunicação imediatamente recomendaram o uso de tabletes de iodo. O iodo, como se sabe, é necessário para a tireóide, que é vulnerável à exposição à radiatividade. A recomendação foi logo suspensa quando começaram a se tornar evidentes as reações alérgicas. Mike teve essas reações e substituiu o iodo pelo Banho Mineral de Algas Marinhas que, quando usado no banho, permite absorver o conteúdo de iodo a uma taxa que o corpo pode assimilar. Foi um acréscimo valioso ao uso até então recomendado, para retenção da água e desintoxicação.

Graças a mãos invisíveis que me guiaram e as conceberam de alguma forma misteriosa, há uma transmutação dentro de todas essas substâncias que passam por minhas mãos para atender às necessidades de re-nova-ação dessa era do arco-íris.

Muitos pequenos milagres foram realizados, cada um aparentemente destinado a uma finalidade específica bem distante daquilo que se pretendia inicialmente. Todos contêm energias que pareceriam voltar no tempo até a eternidade, e estão ligadas às mais antigas artes da cura.

23. Fontes de cura

Todos os aspectos da obra de criação de Deus – uma flor, uma floresta, a terra, o mar – podem constituir fontes de cura. Cada uma dessas energias vivas tem objetivo e poder próprios. O imenso campo da cura se manifesta de diferentes maneiras entre aqueles que estão em harmonia em todos os níveis do entendimento. Assim, o jardineiro "de dedo verde" desempenha seu papel, trata a terra, cultiva as plantas, contribui com seu conhecimento intuitivo numa manifestação de seu amor criativo. Os antigos boticários compreendiam bem esse conceito e empregavam a alquimia das plantas, cujas energias vivas aproveitavam e transmutavam para curar os seres do reino humano e animal.

As plantas curam de várias maneiras. Algumas, por sua simples beleza, trazem a promessa de uma nova vida, a renovação da esperança e a elevação do espírito; outras entregam à cura sua vida eterna, a essência de seu próprio ser; outras ainda trazem a cura pelo poder das vibrações de sua cor em sintonia com os comprimentos de onda do chakra.

E há ainda os clarividentes e todos aqueles que vêem através do véu, pois não estão presos à noção humana de tempo. O passado e o futuro são apenas páginas do tempo. O dom que receberam, quando usado de forma correta, pode constituir uma fonte de cura holística e tratar das necessidades do corpo, da mente e do espírito.

Com freqüência constato que é comum as pessoas associarem o termo *healer*, que em inglês significa "praticante da cura", com a imposição das mãos. De fato, com muitos terapeutas é esse o caso. Testemunhei muitos tratamentos desse tipo e senti os anjos guiarem as mãos daqueles que faziam o toque. Existem, entretanto, muitos níveis de cura.

Um ouvinte receptivo pode trazer alívio e liberar frustrações, amarguras, preocupações ou distúrbios interiores profundos. Pode não ser uma cura instantânea ou espetacular, mas é o fator que desencadeia o processo de cura. A necessidade de amor é universal. Um cumprimento, um sorriso, um toque amigável, cada um desses atos tem seu papel. O caminho e a porta para toda cura é a dedicação, e a chave que abre essa porta é o amor.

Essas linhas de pensamento estão sendo estudadas e acompanhadas pelos sagazes pensadores da Nova Era, que estão conscientes da importância da cura por meio dos sentidos da visão, do olfato e da audição – cor, aroma e som.

Acredito firmemente que em última instância a fonte da cura é Divina; e todos os envolvidos no processo de cura não passam de canais. Se não for capaz de eliminar o eu, ou, em outras palavras, a menos que sacrifique seu ego, o terapeuta não poderá desenvolver todo o seu potencial. Para poder desempenhar verdadeiramente sua função, a pessoa deve se tornar um receptáculo. Em meu caso, nunca foi um ato consciente – é sempre uma utilização inconsciente pela Consciência Maior. É espontâneo, involuntário e é por isso que hesito em afirmar que sou uma terapeuta, uma clarividente ou o que quer que seja, pois afinal não sou nada e nada acontecerá se eu não continuar a ser nada. As palavras são meras criações humanas; as pessoas que curam trabalham por meio do espírito e são conhecidas, mas não têm nome.

Já relatei meu primeiro episódio de cura, que aconteceu quando eu tinha cerca de onze anos. Embora tenha sempre relutado em falar sobre esses casos, registro aqui alguns incidentes que alguns de meus leitores já poderão ter ouvido falar ou mesmo vivido. Não reivindico, porém, nenhum poder além da habilidade de me deixar usar como canal. Isso é tudo, e não acredito que algum terapeuta possa reivindicar nada além disso. Curar não é uma arte, não é algo que possa ser obtido pela prática ou pela aprendizagem da técnica. É um dom e pode – e isso é uma advertência – perder-se facilmente se não for usado de maneira correta. Se você desrespeitá-lo, você o perde.

Algumas vezes me perguntam: – Você pode me ensinar a curar? – Como eu poderia fazer isso? Estamos falando do Divino. Não é um ato consciente nem algo que possa ser induzido.

Alguém perguntaria por que é necessário haver um mediador? Até para ligar um rádio e receber um comprimento de onda é necessário um meio de recepção. E a palavra meio, no caso, quer dizer exatamente isso – é o meio que sintoniza o comprimento de onda do Divino capaz de realizar a cura.

Acredito que qualquer pessoa ciente de que precisa curar-se deve rezar para que lhe seja enviado o canal certo por meio do qual o Divino possa atuar. Então, de alguma maneira estranha e maravilhosa, um terapeuta será guiado para o lugar certo no momento certo.

Os incidentes que se seguem ocorreram todos de forma espontânea e contra minha vontade consciente. A época não era receptiva ou simpática a acontecimentos desse tipo. Por isso eu não podia falar sobre eles, e não os contei a ninguém por medo do ridículo.

A primeira cura que vou descrever ocorreu quando eu era uma jovem e esforçada profissional em Great Missenden. A população da aldeia era um verdadeiro painel da sociedade e incluía desde nobres até camponeses. Eu começava a firmar uma reputação entre aqueles que me procuravam. Eles sabiam que eu era uma profissional dedicada.

Certa manhã atendi a Sra. X, uma pequena e encantadora alma que trabalhara numa grande casa. Quando sentou-se, notei que o sorriso e a disposição habituais haviam desaparecido. Podia sentir sua depressão. Iniciei a conversa com muito cuidado, dando-lhe tempo para acalmar-se.

– Como vai, minha cara?

Olhei-a com atenção. Sim, seus olhos estavam cheios de lágrimas.

– Estou muito abalada, Srta. Wall – disse ela, e as lágrimas começaram a rolar. Parei o que estava fazendo, mas minhas mãos permaneceram sobre ela. Dei-lhe toda minha atenção.

– Consultei o oftalmologista – continuou. – Ele me disse que tenho cataratas e que devo fazer uma cirurgia dentro em breve. Ela soluçou nervosamente. – Tenho horror da possibilidade de que qualquer coisa seja feita em meus olhos. Acho que não vou conseguir suportar isso.

O terror era de fato real, pois eu sentia seu corpo tremer. Ela vivia sozinha e não tinha com quem desabafar seus temores. Em reação a minha simpatia, abriram-se as comportas da emoção, e o fato de poder compartilhar a ansiedade com alguém a deixou mais tranqüila.

Quando estava pronta para sair, apanhei sua bengala e acompanhei-a até a porta. Constatei o quanto havia piorado. À noite, em minhas orações e na meditação, eu a mantive na corrente Divina da cura. Eu a vi envolta numa bela luz azul e ali a mantive. Continuei a evocá-la em minhas orações e todas as vezes ela era envolvida na bela luz azul.

Um mês depois, vi seu nome na agenda dos clientes do dia. A campainha soou e lá estava a Sra. X diante de mim. Sorria e não usava bengala.

– O que a senhora acha, Srta. Wall? – perguntou animadamente. – O médico não soube como explicar o que aconteceu, mas de repente consegui ver de novo e não precisei mais fazer a operação!

– Maravilhoso – eu disse, e sorri também para ela. Em meu coração fiz uma oração de agradecimento.

O segundo caso que vou relatar é sobre uma holandesa que procurou a clínica Amersham para tratamento de um antigo problema nas costas. Depois de examiná-la, Margaret Cockbain arranjou um pretexto para chamar-me a seu consultório. Margaret era uma ortopedista extremamente dedicada. Para ela a vida era seu trabalho, e o paciente, sua principal preocupação. Era humilde o bastante para ouvir a opinião de outros em caso de dúvida. E constatara, devido a algumas experiências anteriores, que podia confiar em meu instinto se eu tivesse a oportunidade de tocar no paciente. Sabia que eu era capaz de localizar a área de perturbação sem que fosse necessária a troca de palavras.

A paciente estava deitada de bruços sobre a maca. Coloquei minha mão sobre suas costas, de maneira tranqüilizadora, até sentir que ela percebia o contato. – Desculpe a intromissão – eu disse. – Sou uma das profissionais da clínica.

Meus dedos sentiram imediatamente o formigamento habitual. Passaram-se alguns segundos antes que pudesse movê-los com facilidade, e assim mesmo só depois que o formigamento desapareceu. Deixei a sala e voltei a atender o paciente que me aguardava.

À noite, Margaret comentou: – Você fez um trabalho maravilhoso com aquela paciente alemã. Ela disse que a dor de suas costas desapareceu completamente e eu não havia feito nenhuma manipulação.

Do ponto de vista médico, tratava-se de um caso em que a manipulação era impossível. Margaret continuou: – Ao deixar o consultório, ela me perguntou quem entrara na sala e tocara suas costas. Disse que foi como se a tocassem com fogo, mas logo depois sentiu-se melhor. Respondi-lhe que fora a quiropodista, Srta. Wall, que trabalhava na sala ao lado.

Três anos mais tarde, numa manhã de muito trabalho no consultório, o telefone tocou e a recepcionista informou que havia uma senhora pedindo para me ver com urgência.

– Ela tem hora marcada? – perguntei, preocupada de não atrasar minha agenda.

– Não – respondeu a recepcionista. – Mas ela disse que veio da Holanda especialmente para vê-la.

Perplexa e intrigada, sugeri que a pessoa aguardasse até a hora do almoço. Pelo que soube, ela alegremente acatou a sugestão. Já passava muito das 13 horas quando encerrei o atendimento. Convidei a visitante para entrar no consultório, com alguma relutância, pois então me dei conta de que precisava aproveitar a hora do almoço para me alimentar – em suma, eu estava esfomeada. Ela entrou e me olhou fixamente.

– Então, em que posso ajudá-la? – perguntei.

– É a Srta. Wall?

Assenti.

Ela continuou: – A senhora curou minhas costas há três anos. Nunca mais senti a dor, mas o problema voltou agora, após um acidente de carro.

Seu inglês não era perfeito, mas o pedido era muito claro: – Por favor, a senhora poderia colocar suas mãos nas minhas costas outra vez? Isso é tudo o que peço.

Pensei comigo mesmo, céus, no que fui me meter! Todo o meu profissionalismo ergueu-se em rejeição.

– A senhora sabe que o que me pede é totalmente contra a ética. Se eu atendê-la, e se alguém souber disso, corro o perigo de ser qualificada como uma charlatã.

Ela me olhou fixamente, lutando contra as lágrimas. – A senhora não poderia fazer isso? – pediu. – Por favor. Prometo não contar a ninguém.

Aos 49 anos, quase no auge de minha carreira profissional, eu já podia antever a interminável fila de inválidos que se formaria diante de minha porta, estendendo-se pela estrada. Suei frio. Bastaria um rumor sobre isso e tudo aquilo pelo qual eu lutara poderia desmoronar ante meus olhos. Nunca tentara uma cura a pedido. Mas não tive coragem de recusar. Orei em silêncio. Logo havia uma luz a minha frente, e raios dourados e cor de violeta flutuavam em torno da mulher diante de mim. Coloquei minhas mãos em suas costas e as vibrações começaram.

Depois de recusar pagamento e de acompanhá-la até a porta, reuni os últimos frangalhos de minha integridade, procurando me consolar com a idéia de que agira não por vaidade ou por visar uma recompensa, mas apenas por compaixão. Por tudo isso, e por conhecer a natureza humana como conhecia, passei os dias seguintes angustiada, quase com medo de abrir os jornais e descobrir alguma notícia sobre o caso. Em silêncio, prometi a mim mesma nunca mais me expor a tal risco. Digo isso para mostrar o clima em que vivíamos, numa época em que alguém podia ser punido pelo simples fato de ser o canal através do qual a Luz Eterna podia curar.

Finalmente, houve um caso de cura que envolveu a própria Margaret. Ela e eu acabáramos de dar o último adeus a uma grande amiga, Sylvia, uma jornalista jovem e brilhante que há pouco nos contara ter recebido uma instrução interior para passar a trabalhar com ervas. Sua vida fora plena de entusiasmo e esperança; e agora ela estava literalmente "acesa". Sylvia sempre usara meus cremes e demonstrara muito interesse pelas flores e por suas propriedades. Subitamente, porém, fora acometida de uma doença rara, e a despeito de nossas preces agoniadas, em poucas semanas partiu para sua nova vida. Nós ficamos paralisadas pelo choque, tanto quanto seu marido. Ali terminava uma vida jovem e brilhante, sem nenhuma razão aparente. Eu estava profundamente abatida e entrei numa fase de espiritualidade "em baixa".

Foi nesse estado de espírito que Margaret e eu decidimos passar merecidas férias na ilha de Wight. Uma amiga, enfermeira, deveria juntar-se a nós por um ou dois dias. Naquela época eu ainda enxergava bem e, como gosto de dirigir, fiquei durante quase todo o percurso ao volante da minha velha Wolseley, um belo veículo, sólido como um tanque, do qual eu muito me orgulhava.

Depois de apanhar nossa amiga na estação, ajeitar sua bagagem no porta-malas do carro e colocá-la em segurança no assento traseiro, Margaret se preparava para sentar-se a meu lado quando lhe ocorreu que podia ter deixado o porta-malas aberto. Nunca vou conseguir entender como ela fez isso mas, ao inclinar-se para trás para olhar o porta-malas, ela colocou os dedos no vão da porta e, ao mesmo tempo, bateu-a com força. Sua mão ficou espremida, e dois dedos foram dobrados para trás. Nossa amiga e eu tivemos que forçar a porta para soltá-los. Margaret ficou branca como algodão. A dor deve ter sido intensa.

– Oh, Deus! – disse nossa amiga. – Vamos imediatamente para o hospital, Vicky.

Acho que posso humildemente afirmar que sou uma

pessoa sensível, solidária, e normalmente ficaria em pânico em tal situação. As preciosas mãos de Margaret! As mãos que usava para curar podiam ter sido inutilizadas por esse terrível acidente. Mas aconteceu então uma coisa muito estranha. Fui tomada de grande calma. Até então não dissera uma só palavra.

– Ponha os dedos na boca – eu disse, de forma quase casual. – Eles vão melhorar.

Minha mente e meu corpo pareceram se desprender e de repente vi a mão de Margaret intacta. No banco traseiro, nossa amiga estava nervosíssima. Eu podia captar seus pensamentos e sua incredulidade ante o que parecia ser minha extrema insensibilidade. Com convicção, ela repetiu: – Leve-a imediatamente para o hospital. É uma emergência. – Então, quando liguei o automóvel e tomei outra direção, ela exclamou: – Para onde você está indo?

– Para casa – respondi calmamente (entenda-se por casa o *trailer* em que estávamos hospedadas). Ao chegar, examinamos os dedos de Margaret. Nada havia de anormal. Nossa amiga disse, incrédula: – Eles provavelmente amanhecerão inchados. Ainda acho que você devia fazer uma radiografia hoje.

Mas os dias se passaram e os dedos continuaram a funcionar normalmente. Não havia nenhuma dor, mancha, equimose ou desconforto. Hoje, vinte anos depois, Margaret confirma a ausência completa de artrite ou qualquer outro problema naquela mão. Mas com a passagem do tempo, a outra mão mostra sinais de desgaste, o que é compreensível, pois suas mãos foram constantemente usadas em sua carreira profissional.

A lição que aprendi foi importante, pois naquele dia dei um passo especial na compreensão da cura. Quantas vezes nos angustiamos e rezamos pelo milagre de uma cura, para depois constatar que um ser amado partiu para sempre, e nos perguntamos por quê? Havíamos cuidado tanto, amado tão profundamente, rezado tão incansavelmente e mesmo assim a pessoa se fora. Foi no momento descrito acima que aprendi o desprendimento deliberado, um movimento para fora do corpo, para o estado astral do ser em que emoções terrenas não podem interferir e no qual se está em plena comunhão com a Consciência Eterna.

Muitos terapeutas consideram difícil curar alguém com quem mantenham uma relação íntima, simplesmente porque para eles é quase impossível se desprender nesse caso. Desde então tenho tentado desenvolver a habilidade de realizar essa viagem astral no caso de situações pessoais. Com a alma acontece o mesmo que com o corpo – não existe uma palavra mágica, um "abre-te, sésamo", pois o progresso se obtém sempre por meio do esforço e do crescimento.

***

Para encerrar, eis um interessante epílogo. Após um lapso de cerca de 15 anos, durante uma de nossas exposições, ouvi uma voz que me chamava.

– Você é a Vicky, não é? – A voz parecia hesitante.

Notei a aura – era o marido de Sylvia. Era claro que ele estava um pouco surpreso. Quando me conheceu, eu era uma jovem quiropodista e os óleos balanceados não tinham nascido. Voltei-me e olhei dentro de seus olhos. Enquanto isso, sua voz continuou: – Estou fazendo o trabalho de Sylvia. Sou agora um experiente herborista.

Não tive dúvida de que era um profissional dedicado. Meu coração se alegrou. – Bem-vinda de volta, Sylvia – murmurei em silêncio.

24. O reino animal

A Aura-Soma atende às necessidades dos três reinos, animal, vegetal e humano. Aparentemente mística, mágica, tem contudo um objetivo prático empolgante.

Nos velhos tempos, podia-se admitir que, exceto por raras exceções, aqueles que escolhiam ser médicos eram pessoas capazes de realizar curas e aqueles que curavam animais tinham um amor inato por eles, além de uma intuição altamente desenvolvida. Hoje em dia, quando o materialismo predomina, a ambição e o profissionalismo tendem a ser vistos como motivação suficiente para abraçar a profissão de veterinário. No entanto, é fundamental que o veterinário seja movido por um desejo inato de ajudar o reino animal tanto quanto a ele mesmo.

O Pomânder, a bela mistura de 49 essências e extratos de ervas, vem sendo utilizado atualmente por um médico veterinário altamente qualificado que descobriu ser o Pomânder miraculosamente eficaz em animais, em especial para problemas de ouvido.

Eczemas e vários outros problemas de pele em animais reagem maravilhosamente bem à aplicação dos óleos balanceados. Também vale mencionar que há uma correspondência direta entre os chakras dos homens e dos animais. Não devemos nos surpreender com isso, pois é de conhecimento geral que pílulas, poções e injeções administradas pelos médicos veterinários são idênticas a muitas das receitadas pelos médicos para seus pacientes humanos, embora, obviamente, em doses menores e adequadas. Assim, não seria uma questão de bom senso admitir que desequilíbrios e doenças do reino animal podem ser tratadas na mesma base naturalista do tratamento dispensado aos humanos? Alguns veterinários estão começando a adotar tratamentos homeopáticos e a filosofia da Nova Era.

Há grupos que recomendam tratar, acariciar e segurar animais de estimação com finalidades terapêuticas. Pacientes cardíacos e vítimas de infarto apresentaram melhora com esse "tratamento"; e o mesmo aconteceu com vítimas de problemas nervosos, depressão e estados correlatos.

É de grande valia em qualquer tratamento, de seres humanos ou de animais, a comunicação entre o praticante de cura e o paciente. Devido à falta de comunicação verbal entre homem e animal, o veterinário é levado a fazer o diagnóstico com base apenas em sinais e sintomas manifestos. O praticante de cura, porém, veterinário ou não, guiado pela intuição, é capaz de estabelecer uma comunicação silenciosa com o animal e assim o problema pode ser identificado e tratado.

O mundo tem muita necessidade de praticantes de cura para os animais. A colheita é grande, mas poucos são os trabalhadores. Busco em cada face e perscruto cada aura para tentar encontrar as pessoas predestinadas a esse objetivo, pois neles o tempo e a eternidade estão ligados, estejam eles conscientes disso ou não.

Sobre os cavalos

Os textos seguintes são trechos de cartas de terapeutas da Aura-Soma que, como vocês perceberão na leitura, não conheciam métodos de prática de cura de animais nem trabalhavam como praticantes de cura de animais. Vale mencionar que em ambos os casos relatados, e esses são apenas os casos que calharam de chegar a nossos ouvidos, foram usadas as mesmas combinações de cores relacionadas às necessidades do chakra humano, assim como de todos os animais. Estamos falando do óleo balanceado todo-laranja, (B26) o frasco Humpty Dumpty para estados de choque, e do azul/carmim , o "Resgate"(B1), tratamento da própria natureza para aliviar a dor e atender casos de emergência.

Pediram-me que examinasse um valioso cavalo de 12 anos, no vale de Yorkshire. Ele mancava muito da perna traseira esquer-

da. Usei o óleo balanceado laranja em sua aura e com isso fui capaz de localizar a causa do problema – uma área de traumatismo no quarto traseiro que havia sido chicoteada ou surrada muitos anos atrás. A aura se recompôs. Usei o frasco "Resgate" para massagear diretamente a pelve, as ancas e os joelhos. Após a primeira hora de tratamento, o cavalo melhorou noventa por cento e continuou a melhorar ao longo dos três ou quatro dias seguintes. No quinto dia, um problema muito semelhante, porém bem menos grave, ocorreu na perna traseira direita. (Depois de corrigir o problema de um lado, o mau uso dos músculos do outro lado se tornou aparente). Foi necessário fazer mais uma aplicação, dessa vez dos dois lados, e o cavalo ficou então em condições tão boas que seus proprietários afirmaram jamais tê-lo visto em melhor estado. Eles me contaram mais tarde que, a julgar pelo comportamento do cavalo, suspeitavam que o animal teria sido de fato chicoteado ou surrado por um rapaz que cuidava do estábulo quando ele ainda era muito jovem.

***

Uma mulher que era minha paciente perguntou-me se eu poderia ajudar seu cavalo. O veterinário diagnosticara uma forma de artrite na pata e prescrevera altas doses de medicamentos, advertindo que o tratamento reduziria a vida do animal e que, uma vez iniciado, deveria prosseguir até sua morte. Minha cliente estava muito preocupada e perguntou se eu não poderia curar o cavalo. Sugeri que usasse o óleo Aura-Soma laranja no animal para recuperá-lo depois da aplicação dos medicamentos, e em seguida o "Resgate" no casco e na altura do osso lesado. Quando o veterinário voltou para uma nova consulta, ficou surpreso com a melhora, suspendeu todos os medicamentos e disse que nunca vira reação como aquela a um tratamento. Ele também confirmou que o problema se concentrava no osso que eu apontara. Não lembro de ter apontado o osso, mas minha cliente garante que o fiz. Senti então a necessidade de recomendar o frasco todo-verde, (B10) que está sendo usado atualmente. O animal está com ótima aparência e se sente muito bem. Devo acrescentar que não sei nada sobre cavalos e sequer me sinto "em sintonia" com esses animais.

***

Esse é um grande campo a ser explorado, um tremendo potencial e por que não deveríamos aproveitar a oportunidade?

Um caso de prática de cura de animais vem de imediato a minha mente. Foi há muitos anos, durante a guerra, quando eu vivia e trabalhava em West Drayton. Naquela época mantínhamos relações com um criador de cães e gatos que usava nossa farmácia com freqüência. Com o passar dos meses, acabamos nos tornando amigos.

Honour Bazeley e seu marido, um escultor de certo renome, viviam numa pequena ilha. Os canis eram protegidos por altas cercas, não apenas para manter em segurança os valiosos animais de raça, mas também para impedir a entrada de intrusos, animais ou homens. A única entrada era através de um portão alto de grade, trancado e bem protegido por uma cerca de arame farpado contra escaladas de invasores ou curiosos. Era uma verdadeira fortaleza. Como era um local isolado e eles já eram bastante idosos, as visitas eram marcadas com antecedência, por telefone. Menciono esse detalhe para enfatizar a estranheza do episódio que vou relatar, pois sem dúvida muitos tentarão encontrar uma explicação lógica para o inexplicável.

Honour parecia estranha naquela manhã – abalada talvez seja o melhor termo para descrever seu estado. Ao perceber isso, sugeri uma xícara de chá nos fundos da farmácia. Tínhamos sempre ervas e era possível preparar uma xícara rapidamente, pois a Srta. Horsley era uma inveterada consumidora de chá.

– Algum problema, Honour? – perguntei, depois que nos acomodamos. Ela me olhou hesitante.

– Bem – disse ela – não sei se estou ficando senil ou se tudo de fato aconteceu, mas se você quiser ouvir... – A voz dela quase sumiu, mas afinal continuou: – Devo contar a alguém, nem que seja para comprovar minha sanidade mental!

Devo mencionar que Honour era, como a maioria dos

criadores de animais, uma pessoa muito prática e realista, nem um pouco dada a fantasias e muito consciente da importância de ser uma criadora de animais e do orgulho que isso implicava. Seus cães eram famosos e ela exportava uma raça especial de gato siamês para a América, onde a espécie era muito valorizada.

– Uma das minhas melhores cadelas bassês teve há pouco uma ninhada de cinco crias – disse ela. – Quatro procuraram alimentar-se de imediato, mas a quinta era pequena e fraca e os outros se amontoaram sobre ela – ela era mesmo muito pequenina.

Honour explicou então que era um problema cuidar dela, pois a cachorrinha parecia não querer se alimentar.

O veterinário passou em sua visita de rotina e, ao ver a cadelinha, disse: – Aquela está quase morta. Por que não me deixa sacrificá-la? Assim os outros filhotes poderão se mover com mais facilidade.

– Recusei – continuou Honour – só para lhe dar mais uma chance, embora pessoalmente achasse que o veterinário tinha razão.

No dia seguinte, não houvera qualquer melhora, e a cachorrinha estava ainda mais fraca. O fim era iminente.

– Tirei-a da cama para que não fosse esmagada pelos outros. Quase não respirava. Enquanto a segurava, senti que havia alguém atrás de mim. Estranhamente, não senti medo nem fiquei perturbada, mas o mais estranho era o silêncio sobrenatural.

Eu sabia muito bem que o barulho normal de passos que se aproximassem, mesmo do lado de fora do portão, teria provocado o estrépito do latido de cem cachorros. Honour continuou sua história: – Voltei-me para a pessoa que estava atrás de mim. Não consigo me lembrar de nenhuma palavra que tenha sido dita, nem de sua aparência ou de suas roupas. Parecia não haver nenhuma impressão de tratar-se de uma pessoa. Suas mãos estavam estendidas e sem pensar coloquei sobre elas a cachorrinha. Não sabia por que fazia aquilo. E nenhuma palavra foi pronunciada, o silêncio nos envolvia. De repente, senti que a pequena criatura estava novamente em meus braços. Abaixei-me para recolocá-la na cama e, quando me levantei, não havia ninguém ali!

Seus olhos procuraram os meus.

– Pensei então que o melhor era entrar em casa e tomar um drinque – acrescentou ela, após uma pausa. – Havia a sensação de algo solene, mas o que era eu não saberia dizer.

Mais tarde, quando Honour foi alimentar os animais, descobriu com surpresa que a cachorrinha mamava com tanta sofreguidão quanto os outros filhotes. Quando o veterinário telefonou, me disse que sentia muito que justamente aquela cadela tivesse perdido uma das crias, pois era uma ótima matriz.

– Contei-lhe então que a cachorrinha sobrevivera. Achei que não devia contar a ele o que acontecera. Não contei nem mesmo para meu marido, pois tenho certeza de que ele diria que fiquei louca. – Honour afinal sorriu e me olhou para ver minha reação. Nada respondi.

Outro caso que pode ser de algum interesse também se deu durante meus anos de formação. Eu me tornara a feliz proprietária de três cachorros – um pastor alemão, um cão de caça amarelo e Jasper, um bassê do canil de Honour, que não o considerava suficientemente bom para exposições ou para reprodução. Além das caminhadas habituais, os cães se exercitavam no jardim atrás da farmácia, para onde se precipitavam como loucos tão logo a porta se abria, os dois grandes primeiro e em seguida Jasper, correndo com suas pernas pequenas atrás deles.

Naquele verão, em minha ânsia de criar e cultivar, um impulso que eu tinha sempre, plantei um pé de tomate perto do lado ensolarado da cerca. Essa planta era a alegria de minha vida. Eu zelava por ela, lhe dava alimento e conversava com ela todos os dias. Eu era jovem e essa era a primeira planta que eu tentava cultivar. Ela floresceu.

Quando abria a porta para os cães, meus olhos se dirigiam imediatamente para minha preciosa planta. Patsy e

Judy iam direto para o outro lado do jardim, preocupados com seus próprios assuntos. Jasper, porém, com uma freada semelhante às do Pluto das histórias em quadrinhos, fazia uma parada dramática diante de minha preciosa planta, olhando-a intensamente. Na primeira vez que isso aconteceu, seu pêlo se eriçou, mas depois disso parecia que era o interesse e a vigilância que o mantinham ali, embora sua cauda, pequena e atarracada, permanecesse ereta, o que nos bassês é sinal de alerta. Devo confessar que meu primeiro pensamento foi o de que ele levantaria educadamente a perna para fazer xixi sobre minha preciosa planta, mas logo constatei que não tinha intenções desse tipo. Seu corpo permanecia quieto e alerta.

Eu tinha uma pequena câmera e, como um apreciador de animais não poderia deixar de fazer, fotografei os três cachorros de todos os ângulos.

Os tomates estavam agora em pleno vigor – grandes, vermelhos, maduros e no ponto. Não fui capaz de colhê-los antes de fotografar aquela bela cena. Nossa vizinha, sempre interessada nas notícias, foi chamada para admirar a planta extraordinária e prometi lhe dar o primeiro fruto colhido. Era uma senhora mais idosa, atenciosa com todos os vizinhos e que conhecera os antigos proprietários da farmácia.

Os tomates foram devidamente colhidos e distribuídos e aguardei a revelação das fotos. Quando as recebi, procurei ansiosamente entre as cópias, mas não encontrei a foto do tomateiro. Descobri uma foto de nossa cerca mas, no local exato do pé de tomate, havia apenas um vago indício de planta, diante do qual estava sentado um cachorro branco e preto! Esse cachorro nada tinha a ver conosco, pois meus três cães nem de longe se pareciam com um terrier preto e branco. E nenhum outro cachorro poderia ter entrado no nosso jardim – nosso pastor alemão o teria estraçalhado. (Eu mostrei a foto a Ann, que escreve esse livro comigo, e ela disse não haver dúvidas de que se trata de um cachorro.)

– Que pena, houve uma dupla exposição – disse a mim

mesma com irritação. – Perdi a prova da existência de minha linda planta. – Depois disso, um fotógrafo profissional me garantiu não haver problema algum com a fotografia. Era algo inexplicável e perturbador.

Mais tarde, nossa vizinha, que apreciara os tomates, perguntou: – Você já recebeu as fotos?

Contei-lhe, então, o que para mim fora uma pequena tragédia. Em vez da solidariedade que eu esperava, ela reagiu com um olhar assustado e ficou calada.

– Então? – indaguei. – O que você acha disso?

– É Nicky – disse ela em voz baixa. – O terrier branco e preto que pertenceu ao Sr. e Sra. X (os antigos proprietários da farmácia). Ele fugiu de casa e foi atropelado na rua há uns quinze anos. Eles ficaram inconsoláveis e o enterraram perto daquela cerca.

Ainda guardo essa fotografia, quase cinqüenta anos depois (ilustração 3 capítulo 17).

Eis outra estranha história sobre um cachorro e uma senhora que conheço. A Sra. B fazia seu percurso habitual de automóvel em direção ao trabalho. O clima não estava bom naquela manhã, e a chuva contribuía para acentuar a melancolia da Sra. B. Muitas nuvens negras haviam passado sobre sua vida, todas em rápida sucessão. Primeiro fora a morte do marido, depois a de um amigo próximo e em seguida a perda de seu cachorro fiel. Perdida em seus pensamentos, dirigia automaticamente, mas bem.

De repente, bem na frente do automóvel, um cachorro surgiu do nada. Por um segundo, ela poderia jurar que era seu velho Rusty, o cachorro que enterrara recentemente. Com o coração acelerado, sem tempo para pensar, pisou com força no freio. No instante seguinte, um caminhão de carga que se aproximava no outro sentido derrapou na estrada molhada, bateu num poste e a pesada carroceria deslizou até parar abruptamente a poucas polegadas do capô de seu automóvel.

Chocada e trêmula, ela saiu do automóvel para falar com o motorista do caminhão, que estava pálido como cera. Antes que ele pudesse falar, ela disse: – Sinto muito, mas pelo menos nenhum de nós atropelou o cachorro.

– Que cachorro? – perguntou o motorista. – Sorte nossa que o poste estava ali, pois do contrário a senhora teria morrido. – Ele parecia aturdido. – Essas estradas molhadas são perigosas. Comecei a derrapar e não consegui parar. Não consegui frear, nem nada. Tivemos muita sorte.

Ela o olhou estupefata.

À noite, ao volante a caminho de casa, reviveu mentalmente todo o episódio. Ela freara imediatamente antes de o caminhão começar a derrapar e fora isso que salvara sua vida. Ela freara para não atropelar o cachorro, que não estava ali – ou estava?

Em seu pequeno paraíso, Rusty sorriu.

A intervenção de animais – e há muitos incidentes semelhantes que poderiam ser contados – é inquestionável. Os anjos da guarda não estão presentes exclusivamente no paraíso dos humanos. Como apreciadora dos animais, tenho testemunhado e tomado conhecimento de tantos incidentes que qualquer outra possibilidade se torna improvável.

Sempre que se realiza uma sessão de cura, é inevitável a inclusão dos animais, pois sua presença está sempre em nossas mentes. Eles desempenham um papel importante ao proteger e guiar seus amigos terrenos, e com freqüência temos tido provas disso. Suas qualidades para intervir, guiar e curar têm para nós um valor inestimável. (Atualmente se aceita como fato científico que a presença de um animal de estimação pode ser de grande auxílio na recuperação das vítimas de doenças graves.)

Uma das perguntas que me fazem com maior freqüência é: – A Aura-Soma cura pela fé? – Minha resposta é invariável: – Tenho fé e Deus sabe que tenho fé. Mas tudo que posso dizer é: um cavalo tem fé? – Afinal, o que é isso: bom senso, bom senso eqüino ou tudo isso é um contra-senso?

O leitor deve julgar por si mesmo.

25. O vôo áurico

Um dia, no fim de 1939, o telefone tocou e, do outro lado da linha, a voz animada de uma amiga me cumprimentou.

– Vicky, tenho ótimas notícias! – disse, e sua voz praticamente cantava de tanta alegria. – Minha mãe já está em casa. O médico disse que a operação foi um sucesso e que ela provavelmente sobreviverá a todos os filhos. – Riu encantada. Sua mãe tinha setenta anos de idade, e ela própria não tinha mais que quarenta. Pertencia a uma grande família muito unida e era devotada à mãe que, viúva, se esforçara para educar todos os filhos.

– Venha brindar conosco à saúde dela – convidou. – Estamos todos aqui.

– Tudo bem – respondi. – Vou agora mesmo.

A escolha das flores para levar na visita tomou-me algum tempo. Instintivamente, escolhi um buquê que misturava flores de cor dourada a algumas íris de um azul-violeta profundo. Foram arranjadas sobre uma camada verde de samambaias, e pedi que as embrulhassem em papel magenta. Só tomei consciência do significado de minha escolha muitos anos depois. Apressei-me em direção à casa. O pequeno quarto parecia superlotado, com toda a família reunida. Os sinais de tensão da espera pelo resultado da operação haviam desaparecido de suas fisionomias, pois sua mãe estava de novo em casa e aparentemente curada. Colocaram uma bebida em minha mão e levantamos nossos copos num brinde alegre a sua saúde. Embora não beba nunca, levei o copo aos lábios e me congratulei com eles. Com fisionomias radiantes, contemplavam afetuosamente a mãe na grande cama branca. Pareciam incapazes de manter as mãos afastadas dela, e ora alinhavam um cabelo imaginário que caíra sobre o seu rosto, alisando uma prega inexistente no lençol impecável, ora arranjavam os travesseiros – era de fato um momento de regozijo.

Eu estava ao pé da cama, no único lugar vazio, pois ela

estava completamente envolvida pelo círculo de amor. Sorri para ela, e recebi de volta um sorriso que não escondia um ar de cansaço, o que era compreensível devido a toda a excitação a seu redor. Quando seu olhar voltou-se novamente em direção aos filhos, meus olhos baixaram para suas mãos, que repousavam sobre o lençol. Uma parte de mim se desprendeu de repente e vi sua aura começar a mover-se lentamente para o alto e para fora, para o lado esquerdo de seu corpo. Em sua periferia surgira um brilho dourado com um tom de azul acima, enquanto a aura que ficara no corpo de repente perdeu as cores até ficar quase invisível. Horrorizada, observei o que acontecia – já vira o mesmo antes. Desviei o olhar, dizendo a mim mesma que tudo não passara de imaginação. Voltei a olhar para seu rosto, para me tranqüilizar. A fisionomia mudara e eu via agora uma máscara mortuária. Alguém falou comigo.

– Ela não é maravilhosa? – disse a voz. O sorriso que tentei esboçar congelou-se em meu rosto. Respondi da melhor forma que pude e deixei rapidamente a casa.

Na manhã seguinte, bem cedo, o telefone tocou novamente. A voz entrecortada disse: – Preciso lhe contar, Vicky, nossa querida mãe teve uma recaída durante a noite e nós a perdemos. – A voz estava embargada, quase inarticulada. – Ela estava maravilhosa, não estava? Parecia tão bem e tão feliz! Você também achou isso, não achou?

Não posso me lembrar exatamente o que respondi, mas quando recoloquei o fone no gancho senti pelo sofrimento daqueles que ficaram. A mãe fora uma santa alma e sei hoje que o dourado que vi era o sinal de desenvolvimento espiritual, a coroação de uma vida de sacrifícios.

Tive minha primeira visão do "vôo áurico" com minha amiga de infância Cecília, que visitei quando estava muito doente. Eu nada sabia sobre a gravidade de seu estado. Foi durante uma dessas visitas, pouco antes de ela receber o chamado, que notei a mudança em suas cores e o modo como se deslocam de sua posição normal. Foi algo que observei enquanto estava momentaneamente desprendida, como num sonho, que alguns confundem com "dormir acordada". Algo doía dentro de mim. No caso de Cecília, as cores na periferia também eram douradas, com o mesmo azul aparecendo, mas com a difusão de um cor-de-rosa suave. Acredito que ela foi um presente para os anjos, uma mensagem de amor na terra. Ela morreu dois dias depois, aos 13 anos de idade.

Durante a guerra, a morte tornara-se familiar a todos. As visões áuricas apresentavam muitas variações. Encontrei várias que me eram completamente desconhecidas até então. Notava-se que os casos de situações de choque e mortes violentas apresentavam um padrão diferente. Nas mortes lentas e proteladas, era possível ver primeiramente as verdadeiras cores da aura, antes do início da mudança devida ao vôo áurico.

Era o ano 1942. O pior acontecera, um ataque direto que foi meu primeiro contato com o terror da devastação. A bomba atingira uma fábrica de armamentos. Houve muitas mortes violentas e 400 pessoas ficaram feridas, em diferentes graus de ferimento ou choque. Com os corpos espalhados por toda parte, a situação era literalmente de emergência. Eu estava segurando uma menina, tentando controlar o ataque histérico que poderia levá-la a fugir antes que o pessoal médico tivesse verificado se ela sofrera hemorragia interna ou algum tipo de fratura. Não era possível fazer nada, a não ser esperar as ambulâncias, manter a calma e aguardar, em meio à carnificina. Numa medida de autoproteção, para não entrar também em pânico, eu me desprendi, afastando meu eu profundo de meu corpo vulnerável. Foi então que observei uma coisa estranha. A aura da menina se movera totalmente para a periferia do corpo. Não havia brilho dourado, mas uma linha fragmentada atravessava a aura e um tom marrom surgira nas bordas, onde permaneceu. Quando a vi novamente, alguns dias mais tarde, notei que sua aura permanecia na periferia do corpo e igualmente fragmentada, sem ter se afastado ou se aproximado. Esse fenômeno seria visto posteriormente em muitos casos de choque, como acidentes automobilísticos, situações emocionais graves e operações, e a partir de então passei a descrevê-lo como separação da aura ou esvaziamento etérico. É literalmente a saída da alma ou da centelha divina, como se viu, para a "via alternativa" da vida, proporcionada para os momentos em que se exige mais do que o corpo físico pode suportar, e a alma tenta flutuar até que a ajuda chegue e a cura possa começar. Acredito que a alma não pode deixar sua morada terrena antes do momento designado, e é bem segura pelo "cordão de prata" que nunca se rompe. Mãos humanas podem cortar o cordão umbilical, mas só a mão divina pode romper o "cordão de prata".

Vi o motorista da ambulância tirar seu casaco e com delicadeza colocá-lo sobre uma mulher horrivelmente ferida, estendida no chão. O choque, a tristeza e o horror transpareciam em seu rosto. As roupas da mulher haviam sido arrancadas pelo impacto da explosão e ela estava exposta aos olhos de todos. Ele colocara o pesado casaco sobre seu corpo, numa tentativa de preservar a dignidade da mulher. O respeito implícito nesse gesto, em meio àquele caos, fez meus olhos de repente se encherem de lágrimas. Era óbvio que, fisicamente, a mulher já não necessitava de ajuda. Dentro de mim, pois eu era muito jovem, eu só queria fugir, mas era meu dever, como o de todos aqueles que estavam aptos, ficar e ajudar. Minha mente se moveu para fora. Nesse caso, a aura da mulher começara sua jornada para cima e para fora do corpo. O brilho dourado não estava presente. A aura estava completamente despedaçada, com a parte interna quase preta. Enquanto eu olhava, o azul começou a aparecer, com um reflexo dourado nas bordas, e eu soube que outras mãos se estendiam para ela. Então, naquele exato momento, seu rosto se modificou e passou a demonstrar uma grande paz, e uma cascata multicolorida desceu sobre ela. Ela estava sendo chamada para repousar, para ser preparada para o retorno. Essa cascata de cores me deixou perplexa, pois nunca a vira antes.

A primeira vez que experimentei algo semelhante foi quando, tendo quase morrido após uma trombose que exigiu processos de reanimação, vi diante de mim um belo jardim, uma cascata multicolorida com muitos tons maravilhosos que normalmente não se vêem na terra. Posteriormente, soube de muitas experiências semelhantes ocorridas com pessoas em circunstâncias semelhantes, de praticamente morrerem e retornarem à vida. Isso muito me tranqüilizou, pois às vezes duvidamos daquilo que vemos com os próprios olhos.

Também observei o vôo áurico em animais. Era o ano 1957 e acabavam de me dizer, confirmando o que eu já sabia há algum tempo, que minha amada cadela pastor alemão, minha fiel amiga Patsy, então com 16 anos, estava com câncer em fase terminal. O veterinário, um homem gentil, se oferecera para ajudá-la em sua partida. Recusei. Só a pessoa que a amara e que por ela fora amada iria tocá-la, e não haveria dor no momento máximo desse amor mútuo. Em todo caso, eu preparara algo que a ajudaria, caso necessário.

Ela estava com seu grande corpo macilento estirado sobre meu colo no mesmo sofá que ocupáramos antes com tanta freqüência. Seus ossos eram claramente visíveis. O grande focinho, agora cinzento, descansava em meu ombro. Senti as cócegas familiares provocadas pelos pêlos laterais do focinho em meu rosto. Minhas mãos afagaram sua cabeça querida. A respiração se tornou cada vez mais fraca. A hora chegara. Senti uma grande dor em meu coração – tínhamos vivido isso tantas vezes antes em tantas vidas e, mesmo assim, a cada vez uma pequena morte acontecera dentro de mim e a dor nunca deixou de me pegar desprevenida. Minhas lágrimas caíram sobre sua cabeça, em silêncio, lágrimas de minha alma escorrendo sobre minha mão. Querida amiga, amo tanto você, amo tanto você.

Sua bela aura, agora dourada, começou sua viagem. Observei o vôo através do corpo etérico, e havia luz em torno de tudo. Eu agora a via dentro de uma névoa móvel de luz e cor; olhei-a andar, como fizera tantas vezes antes, e atravessar a porta de entrada para a eternidade. Caminhamos juntas em espírito até o portão, uma pequena distância, e eu parei, pois não podia ultrapassá-lo com ela. Vagamente, ouvi e vi os sons de seus amigos cumprimentando-a e vislumbrei, quando ela entrou, mais além do portão, as cores invisíveis e um esplendor nunca visto. Ela não olhou para trás. Ambas sabíamos que ela esperaria lá, como fizera tantas vezes antes, por minha volta. Ela sabia, como eu, que haveria sempre a via da renúncia, pela qual viajaríamos sempre juntas inevitavelmente.

26. A visão

Vi depois outro Anjo, forte, descendo do céu: trajava-se com uma nuvem e sobre sua cabeça estava o arco-íris; seu rosto era como o sol, as pernas pareciam colunas de fogo.

Apocalipse 10:1

Era o ano 1987. Eu estava consciente do significado numerológico do ano:

$$1 + 9 + 8 + 7 = 25$$
$$2 + 5 = 7$$

O número sete, mágico e misterioso, aparece sempre em profecias e é considerado o número da Era do Arco-íris, a Era da "Re-nova-ação".

Com a luz chegamos
A esta pobre terra atormentada
Para trazer uma mensagem
Uma mensagem de esperança e alegria
A liberdade virá
Tão certamente quanto a primavera se segue ao verão
Transformada, a terra refulgirá em beleza
E amor e paz reinarão para sempre.

De O reino das flores

O quarto estava vibrando. Estranhas energias vinham se manifestando há algum tempo. Eu experimentava um sentimento de expectativa, de urgência. Durante a meditação, comecei a sentir um movimento dentro do quarto e uma estranha sensação de levitação, como se uma força invisível estivesse me suspendendo. Essa sensação envolveu todo o meu ser. Fui carregada para uma dimensão nova e mais elevada de poderes combinados que emanavam de todos os elementos vivos da sala – as plantas, até mesmo a madeira da cadeira em que minhas mãos repousavam pareciam quentes ao tato. Mesmo assim, eu estava profundamente consciente de meu corpo terreno que, abaixo, jazia reclinado.

Até onde eu sei, nada se modificara no quarto. A única diferença era um óleo balanceado violeta/vermelho (B65) que eu acrescentara ao meu pequeno altar de jóias de óleo balanceado. Era ali que eu meditava para obter a paz e as instruções necessárias ao dia, me reenergizando e me regenerando física e espiritualmente, equilibrando os chakras por meio das cores visíveis do altar. Eu havia sentido subitamente uma necessidade interior, inexplicável mas inequívoca, por essa combinação especial, o óleo violeta/vermelho, descrito como o elo de ligação entre o céu e a terra. Ele estava sobre o pequeno altar, resplandecente em sua beleza semelhante à de uma jóia.

Alguma coisa estava acontecendo. Meus olhos se voltaram para os óleos. Estranhas formações haviam surgido no interior de todas as combinações a minha frente, símbolos saltavam do fundo dos frascos de óleos (os espelhos) e estouravam no ponto mais alto. Por toda parte as bolhas pareciam se comunicar umas com as outras animadamente, se movimentavam, se misturavam umas às outras. O quarto parecia cada vez mais quente. Fui tomada pela sensação de estar sendo envolvida num casulo fora do tempo. Houve uma erupção dentro de mim e eu me tornei parte do tempo.

***

E na visão, vi a montanha se mover para o alto com um impulso repentino, na direção do céu. As rochas tremiam e arquejavam como uma mulher em trabalho de parto. A terra se abriu. Aberturas como bocas apareceram de repente por toda parte. Fiquei parada em meio a uma explosão de cores.

Das pedras saiu um brilho radiante e penetrante de ametista, um gigantesco raio violeta semelhante ao do laser, um relâmpago que penetrava e destruía a escuridão ameaçadora e o mal ao redor, abrindo caminho e curando ao mesmo tempo que purificava.

O âmbar emitiu seu brilho dourado, cruzou com o raio ametista, que apontava como um dedo, revelando novas direções, a sabedoria de Salomão e os segredos há muito guardados das pirâmides sendo derramados sobre a terra. Uma forte chuva de luz esmeralda irrompeu no cenário, cintilando e lançando sua luz regeneradora sobre a terra em contrações, espalhando sua suave bênção, transmutando e transformando a seu toque, sua pureza de propósito limpando e criando um novo espaço, uma nova polaridade. Do rubi flamejante, vermelho resplandecente com seu fogo interno, regenerando, reforçando com suas energias terrenas, surgiram chamas que mostraram seu poder na violenta batalha.

Os profundos e secretos poderes e energias da terra começavam a se movimentar. Eles crepitavam e ressoavam. O céu e a terra estavam iluminados como se houvesse a mais espetacular queima de fogos de artifício, um cintilante caleidoscópio de cores, e de formas e símbolos em intercâmbio, cada um consciente de seu próprio significado e propósito.

Contra o cume de uma montanha surgiu a silhueta de uma figura, cristalinamente clara, pura luz branca refratando todo o grande espectro da cor em todos os seus aspectos. A radiação que emanava era ofuscante, embora purificadora. Enquanto eu observava esse glorioso Ser, um inesperado objeto negro, satânico em aparência, foi arremessado do céu e mergulhou na terra que o esperava para ser tragado pelo vértice dos raios.

O poder das cores das gemas, a força da luz fossilizada mantida em latência até aquele momento havia sido liberada. Era a guerra das gemas. Energias de todas as fontes jorravam e se uniam numa força gigantesca. Raios cósmicos de cor também juntaram suas forças nessa batalha final da luz contra as trevas. A renovação da terra começara.

A terra agora estava inundada de paz e harmonia. A safira celestial, doce provedora de paz, mensageira entre o céu e a terra, suavemente estendida sobre todas as coisas, tocava e curava, banhando o mundo na paz que ultrapassa todo o entendimento.

Paz na terra e boa-vontade para todos os reinos.

27. Dev Aura

À medida que os benefícios da terapia Aura-Soma se tornaram mais conhecidos, a demanda pelos óleos balanceados aumentou muito, e houve ainda mais encomendas dos conjuntos de Pomânderes e Quinta-Essências. Tínhamos clientes de todas as partes do mundo e nossas vendas além-mar acabaram por superar as do Reino Unido. Se nosso objetivo fosse ganhar dinheiro, essa "história de sucesso" poderia ter uma dimensão ainda maior. Muitas vezes me perguntam se os produtos Aura-Soma podem ser adquiridos em lojas, e não há dúvida de que haveria mercado para eles em lojas e outros estabelecimentos. Entretanto, não queremos que as pessoas comprem os produtos Aura-Soma sem saber para que servem ou como usá-los. Assim, estabelecemos a regra de que vendedores só podem comercializar nossos produtos depois de receberem um treinamento sobre a terapia Aura-Soma.

Mantemos, de fato, um serviço de venda pelo correio e fornecemos folhetos informativos gratuitamente. Mas preferimos que os clientes consultem um terapeuta Aura-Soma qualificado antes de fazer suas encomendas, exceto no caso de nosso conjunto de óleos balanceados relacionados com os chakras, que pode ser usado para problemas de saúde específicos independentemente da cor da aura pessoal.

Desde o início de 1986 se tornara claro que nossas instalações em Buckinghamshire eram inadequadas para nossas necessidades futuras. Precisávamos de um centro adequado, onde pudéssemos promover cursos de treinamento em terapia Aura-Soma, e também de espaço suficiente para produção, distribuição e trabalhos de administração em geral. A forma como encontramos e adquirimos nosso Centro – chamado Dev Aura – é uma história extraordinária.

No fim do verão de 1986, logo após encerrar uma exposição, cansados, Mike Booth, sua mulher e eu decidimos comer alguma coisa. Seus filhos também estavam conosco. Enquanto atravessávamos a estrada principal em direção ao restaurante, virei-me para Mike e disse, de repente: – Vamos ter um centro dentro de um ano, e ele estará desimpedido. – Por "desimpedido" – uma de minhas palavras preferidas – eu queria dizer "sem encargos", não ficaríamos devendo nada. Do ponto de vista financeiro, parecia não haver possibilidade, pois toda a renda de Aura-Soma era reinvestida na divulgação de nossas idéias.

Havíamos recebido um convite para promover um seminário num lindo solar em Lincolnshire, que pertencia a um membro de nossa família Aura-Soma. Durante nossa estada no local, em meu costumeiro passeio matinal com Mike, eu disse: – É nessa área que teremos nosso próprio centro. – Lincolnshire era longe de nossa casa em Gold Hill. Tal mudança implicaria abandonar todos os contatos de Londres e a idéia não parecia muito prática.

Ao voltarmos para Gold Hill, mergulhamos imediatamente nas pressões da rotina. Cerca de um ano mais tarde, Mike pôs uma carta sobre mesa. – Recebi isso em casa dias atrás, e pensei em trazer para cá. – Margaret leu a carta. Para nosso espanto, pois nada havíamos solicitado, a carta continha detalhes de uma propriedade de dois acres em Lincolnshire, na pitoresca aldeia de Tetford, no Wolds. Era muito interessante, assim como o resto da informação: todas as propostas deveriam ser entregues até as 12 horas daquele mesmo dia! Pedi a Margaret para telefonar. Informaram-na de que a propriedade estava abandonada, fora assaltada por vândalos e estava vazia há dez anos. Como era propriedade da igreja, uma das exigências era: sem financiamento. Tudo parecia impossível e improvável. Mas o fato de a carta ter chegado tão inesperadamente tinha que ter um significado.

Fui para nosso jardim no terraço e meditei. A resposta veio e voltei para a sala. – Compraremos a propriedade – eu disse. Já eram 11 horas. – Como poderemos entregar a proposta a tempo? – perguntou Margaret. – Pelo céu – respondi, rindo. – Telefone e pergunte se podem aceitar uma proposta verbal se for seguida de uma carta expressa. – Eles concordaram. Agora tínhamos uma nova preocupação: o que oferecer? De novo busquei orientação e uma cifra surgiu em minha mente. Fizemos a proposta. Para nossa alegria (e leve consternação), nossa proposta foi aceita. A velha propriedade estava prestes a ser nossa exatamente um ano após minha predição.

A propriedade passou para nossas mãos em janeiro de 1987 e foi rebatizada Dev Aura. A rapidez instantânea de sua aquisição parece ter sido um milagre de Deus. Situa-se num lugar muito bonito, no coração da região de Tennyson. As vibrações no local eram indiscutivelmente de paz e de cura.

Quando eu disse que a propriedade estava abandonada quando a compramos, estava usando um eufemismo. Até então nós não tínhamos sequer visto a propriedade adquirida; fora uma questão de fé do começo ao fim. Num dia nublado de novembro, fomos ver aquele que seria nosso Centro. O portão girou lugubremente num só gonzo, e a entrada era uma mistura de pedras e ervas daninhas. Um matagal muito alto quase escondia a casa. Janelas quebradas nos observavam, com os marcos apodrecidos. Pombos haviam invadido a casa, os tetos estavam caídos, os canos congelados e foi fácil concluir que a instalação elétrica estava em mau estado. Apesar disso tudo, ficamos entusiasmados. As vibrações eram poderosas e de paz, e mesmo em meio a todo o abandono podíamos sentir o que viria a ser.

Foram nove meses de sangue, suor e lágrimas, um esforço realmente hercúleo para colocar a propriedade em condições de uso. Surgiram todas as frustrações usuais, junto com promessas não cumpridas e mil e um obstáculos imprevistos. Íamos até lá sempre que possível, entre as crescentes pressões do trabalho da Aura-Soma. Mike tornou-se um lenhador, abrindo caminho em meio à vegetação rasteira e arrancando árvores mortas. Nesse caos, tivemos a alegria de descobrir um belo poço antigo que algum dia, quando o dinheiro permitir, vamos restaurar. Havia também uma cocheira e um estábulo tão encobertos pela hera que não imaginamos que por baixo encontraríamos um alto muro de tijolos voltado para o sul e com uma chaminé – um lugar perfeito para ser usado como estufa. Abrimos para nosso primeiro seminário residencial em outubro de 1987.

Hoje, dois anos mais tarde, há uma entrada encantadora, uma sala de palestras adjacente aos estábulos, e a estufa agora está em uso, proporcionando a nossos hóspedes tomates, pepinos e pimentões cultivados organicamente, enquanto as videiras começam a se desenvolver.

Dev Aura começa a mostrar sua verdadeira beleza e propósito e tornou-se uma escola internacional. Margaret Cockbain faz conferências sobre anatomia e fisiologia, transmitindo seus 40 anos de experiência como ortopedista, e Mike Booth atua como meus olhos e é meu ajudante permanente. Trabalhamos juntos em unidade espiritual. Mike algum dia assumirá e dará prosseguimento ao meu trabalho.

Leitores, contei-lhes a história de Aura-Soma e expus sinceramente ante seus olhos tudo o que estava dentro de mim, tudo o que era secreto. Resta-me agora convidá-los para essa excitante viagem de descoberta e auto-revelação. Não fiquem à margem a ver o barco passar quando têm uma passagem de primeira classe no bolso. É chegada a hora de se incluir entre os pioneiros da Nova Era e de sua nova filosofia.

Chego assim ao fim deste livro e deixo que siga seu caminho.

Apêndice I

Descrição dos Pomânderes e Quinta-Essências

A essência de Aura-Soma deriva da Fonte de Luz além da Paz. Como catalisadora, encontra-se entre as ervas e plantas concebidas na imortal alquimia, transmutando os problemas da personalidade em clara e lúcida consciência do Ser. A essência tem os seguintes efeitos: proteção para a alma, o ponto Monádico, o potencial da alma, a Mente e as emoções através de todos os níveis do ser; proteção do Prana, liberando a percepção; proteção para os corpos Astral e Etérico; abertura a uma dimensão nova de percepção e conhecimento; paz e amor incondicional dentro de cada indivíduo.

A lembrança do ser verdadeiro no nosso interior.

Os sete pilares da essência de pomânderes de Aura-Soma

Essência Aura-Soma Vermelho-Rubi
Pomânder Vermelho

Centrada no reino mineral essa essência é um protetor muito poderoso contra Energias Negativas que ameaçam o chakra da base com todas as suas vulnerabilidades Vortex.* É o protetor para todas as Ley Lines negativas, água psoríaca e estresse Geopático. Ajuda a restaurar as polaridades dentro do corpo e do Ser que tenham sido magoadas pela Estrutura em Rede da Terra. Protegerá aqueles que trabalhem com Energias da Terra e Lugares Sagrados. Para Trabalhadores e Dançarinos do Templo da Terra. As energias terrenas do Reino Mineral, transmutando as ervas e plantas com energias do Cristal, fazem desse po-

*Vortex – Os níveis sob o plano da terra (veja a fita "The Vortex" de Vicky Wall).

mânder um agente de cura e protetor muito poderoso no contexto dos Três Reinos.

Serve como agente de ligação com a terra em qualquer sessão de terapia ou prática de Meditação. Também é a essência re-energizadora. No nível físico, esse pomânder lida com "Descarga de Energia" e todos os estados de hipoatividade; já foi classificado como afrodisíaco.

Essência Aura-Soma Laranja-Topázio
Pomânder Laranja

É o protetor da Regressão e Absorvedor de Choques da Memória Distante. Protege e abre as trilhas do conhecimento do passado. Atua como uma rede de segurança na jornada através das Profundezas do Ser, seja do passado ou do futuro, remove os perigos e absorve os choques. Aplica-se também ao presente e é um protetor contra todo tipo de choque. É um específico para a Cura da Aura e ajuda a fechar o Vazio Etérico.* Pode libertar entidades que tendem para a Terra e com segurança liberá-las da Concha Áurica. Fisicamente relacionada com o intestino, tem um efeito calmante sobre essa área. Relaciona-se com os distúrbios da menopausa (a mudança da vida) e com as crianças no começo da vida e, portanto, essa essência ajuda em casos de pesadelos e de urinar na cama.

Essência Aura-Soma Amarelo-Ouro
Pomânder Amarelo

Essa essência é dirigida ao Grande Sol Central, do Plexo Solar. O Campo de Energia e assimilador de Prana do Ser. Essa essência é o reenergizador da Mente-Corpo através do Raio Dourado do Sol Central. O Protetor da sabedoria inata e do conhecimento do Ser através da Intuição (Orientação Interna). Tem uma poderosa conexão com o Egito e as Pirâmides e, na verdade, dá acesso ao Conheci-

*Esvaziamento Etérico – O esvaziamento etérico é do lado esquerdo do corpo.

mento através das reencarnações, protegendo e assimilando a sabedoria. Abre a mente e traz clareza de Visão em relação ao conhecimento de si mesmo, e traz sabedoria para o interior de uma situação. O ouro é uma Força Vital para o Ser. As Pessoas Solares encontrarão uma resposta imediata dentro de si mesmos e esse será para elas um específico protetor e energizador. Fisicamente, lida com qualquer doença nervosa, diverticulite e hérnia de hiato, e qualquer doença do fígado, rins ou pâncreas.

Essência Aura-Soma Verde-Esmeralda
Pomânder Verde

O provedor de espaço e protetor de seu próprio espaço, verdade e direção: O Caminho, A Verdade e A Vida. Autorevelador. Conheça-se e seja fiel a si mesmo. Necessário em todas as decisões e todas as encruzilhadas da vida. Proteção contra o sentimento de estar "desligado". Bom auxiliar para a memória. A ligação para Atlântida. Vai ao coração das coisas. É o Pomânder "Eu Sou". Particularmente valioso para terapeutas a fim de encontrarem seu próprio espaço novamente, a partir do coração, onde a paixão começa e a compaixão entra. Após todos os encontros, você é capaz de purificar e ocupar seu próprio espaço novamente. Fisicamente abre e acalma o coração. Expande a respiração. Bom para problemas do coração e asma, bronquite e outros problemas de pulmão.

Essência Aura-Soma Azul-Safira
Pomânder Azul

O protetor da comunicação. Quanto mais alta a comunicação maior a necessidade da Essência Aura-Soma azul. Uma das mais importantes áreas do ser. Comunicação com o Espírito. Um canal protegido para o Medium. O azul é central para a maior parte das ideologias e religiões. "Pois você é a Rosa de Sharon, o Lírio do Vale." A sabedoria do Cântico dos Cânticos de Salomão. A mais alta comunicação de amor, protetor da comunicação criativa. Uma autêntica Quinta-Essência. Esse pomânder em particular tem seu tema principal no Lírio do Vale, mencionado pelo próprio Mestre. Refere-se à Terra Sagrada.

Abrange todo o misticismo do Oriente. Para a transição e a transmissão da jornada para trás e para a frente, da vida para a morte. Para aqueles que trabalham com morte e pacientes terminais ou renascimentos ou partos. Excelente para doenças de garganta ou para quaisquer problemas de comunicação. Para a proteção daqueles que falam publicamente ou dão aulas para grupos. Contido nesse pomânder está a Mensagem para aqueles que sofrem. Uma "Mensagem numa garrafa" fora do vale, para ser usada em momento de necessidade.

Essência Aura-Soma Violeta-Ametista
Pomânder Violeta

Dentro dessa essência está a fusão do violeta e do magenta, a Coroa, o Yin e Yang. Da mesma forma que acima, abaixo. Para proteger os antigos Bancos de Memória e o Terceiro Olho. A chave que abre a percepção e a consciência. O acesso aos Registros Akashaic.* O "Todo do Sempre" está contido no Pomânder Violeta. O Portal para o Universal. Há uma passagem direta sobre a ponte do Tempo, trazendo todas as lembranças para a prática. O pomânder etéreo, que toca o Deus interior. Fisicamente, o pomânder violeta é bom para acalmar todas as situações, e para problemas na cabeça.

Essência Aura-Soma Rosa-Quartzo
Pomânder Rosa

Deus é amor. O Rosa é o Amor Universal Incondicional. O ponto de repouso da Espiral da Evolução. O começo de

*Registros Akashaic – Os registros cósmicos que contêm todo o conhecimento coletivo da humanidade passada e futura.

uma Nova Oitava. Esse pomânder traz amor de uma pessoa por si mesma, o instigador e protetor do Amor como Amor. Aura-Soma diz "PENSE ROSA".

O terreno básico dentro do qual todos nós funcionamos, o calor e o carinho que torna tudo possível. Fisicamente, para o útero e órgãos da reprodução e, emocionalmente, para trazer Amor. Todas as áreas e todos os problemas pedem o Pomânder Rosa.

Essência Original de Aura-Soma
O Pomânder Branco

O primeiro a nascer, antes dos sete, contido no frasco branco puro, todo o espectro, transformando-se no arco-íris. O Comprimento de Onda Universal da Nova Era aplicável à proteção em todas as situações. Satisfazendo as necessidades de hoje contra todos os Poluidores Ambientais. Atua também no físico e é, portanto, de imenso valor em problemas de sinusite e contra "febre do feno" (um tipo de alergia), excelente limpeza diária.

Quinta-Essência de Aura-Soma, Essência dos Mestres

As Quinta-Essências de Aura-Soma derivam da Fonte de Luz além da Paz. É chegado o tempo de os Mestres serem trazidos para a esfera pessoal a partir da Hierarquia do Cosmos. Cada um é uma identificação com o nível Cósmico, o potencial que existe dentro de cada alma.

As principais funções das Quinta-Essências são:

- Alinhamento com a supra-alma num nível Cósmico de memória distante.
- Alinhamento com o Prana, trazendo energia e sintonia com o Mestre e os Raios Cósmicos.
- Alinhamento com o corpo de Buddha, com os corpos cósmico e etérico.

- Alinhamento da Chama de Luz dos Mestres que se combinaram, que todo o Espectro dos Raios Mestres possa agora ser liberado sobre a Terra. Trazendo a Absolvição Kármica e a liberação do Amor Universal.

Aura-Soma recebeu Orientação para divulgar a Responsabilidade Sagrada dos Mestres através dessas Quinta-Essências. Essa muito esperada inundação de Poder Cósmico e conhecimento traz percepção e cura. Agora está se tornando acessível que ele pode liberar em você a energia da Automestria; total conhecimento de sua caminhada na sabedoria.

Os Mestres abarcam todos os cultos e credos e, assim, representam o Espectro Universal, a Fonte da Luz Branca Infinita.

Como nós podemos reconhecer o nosso Mestre Áurico pessoal?

Sua escolha áurica se reflete em sua seleção de cor, o guia para seu Mestre, (exemplo: Azul – El Morya – o raio Azul; Verde – Hilarion – o raio Verde.)

Seu Mestre pessoal tem o mesmo comprimento de onda que você. A cor à qual você reage auricamente está em sintonia com seu Mestre l'interior e seu Grupo Anímico. Seu Mestre é seu contato direto com a consciência maior e é a principal fonte de onde você retira força. É através dele que você tem acesso ao completo espectro dos mestres, sendo cada mestre um especialista em todos os níveis do Ser. Da mesma forma que com os óleos balanceados, você é que escolhe as cores. A primeira cor que você escolher é a cor de seu Mestre e a de seu Grupo Anímico. Lembre-se de que a cor é somente Luz que vibra em diferentes freqüências. "Abaixo, da mesma forma que acima."

A cor predominante em sua vida é também a influência predominante em termos de vibração em sua vida.

As Chaves Celestiais do Reino dos Mestres

El Morya (azul-claro)

Essa Quinta-Essência representa a Lei da Luz em sua primeira manifestação. A Lei da Luz está sempre certa e nenhuma escuridão pode reinar onde aparece a Lei da Luz. Assim, ela traz energia abundante, harmonia e paz, conhecimento onipotente e onipotente Poder do Criador. A acompanhante de El Morya é a Lady Miriam de Chaidea, descendente de Ur. O uso da Quinta-Essência de El Morya traz o fortalecimento da Vontade e permite que a pessoa se alinhe com seus objetivos. El Morya e Lady Miriam trazem a Vontade de Deus.

Kuthumi (limão)

Essa Quinta-Essência traz conhecimento dos reinos animal, vegetal e mineral, ajudando a enfocar a consciência e o discernimento dentro desses reinos, e traz habilidade para absorver informação dos "devas" das plantas e dos minerais e dos espíritos dos animais. Assim, intensifica relações simpáticas e empáticas em todos os níveis. É a Quinta-Essência que se relaciona com São Francisco e Maitreya, a fim de trazer Sabedoria e Amor Incondicional.

Lady Nada (rosa-claro)

Essa Quinta-Essência ajuda a trazer equilíbrio e harmonia entre relações interiores e exteriores masculino-feminino onde há dificuldades de identidade dentro da alma. O Mestre Lady Mary também atua através dessa Quinta-Essência, sendo o puro amor da divina Mãe sagrada. Ela purificará a aura das emoções negativas.

Hilarion (verde)

"O Caminho, a Verdade e a Luz." O Guia dessa Quinta-Essência traz direção e um novo espaço; o espaço para a pessoa se encontrar e se lembrar de sua alma. É conhecimento e é paz. Ajuda a proteger contra a poluição terrena e livra a pessoa da ilusão interior e exterior, refrescando a alma com verdade.

Serapis Bey (branco)

Essa Quinta-Essência revela a experiência de ascensão ao mais alto através da purificação dos corpos sutis. Assim, traz a absolvição kármica, a clareza de visão e os novos começos. Para ser usado no começo de qualquer novo projeto ou no início de alguma coisa; nascido como pérola, criado dentro da ostra do sofrimento. Essa poderosa Quinta-Essência traz profundidade de compreensão no conflito, na dor e no sofrimento, seja ele em qualquer nível.

Jesus o Cristo (vermelho)

Essa Quinta-Essência é a curadora kármica definitiva através do amor sacrificial. Traz a experiência pessoal do Cristo para a esfera áurica do indivíduo. A realização do "eu sou" dentro do verdadeiro comprimento de onda do Deus Pai-Mãe. O Cristo é o provedor da emancipação da espécie feminina, equilibrando a dualidade dos princípios masculino-feminino dentro de todos nós.

St. Germain (violeta)

O Mestre e diretor do praticante da cura da Luz. Assim, é a exaltação do princípio do "eu sou"; o guardião das chaves para o conhecimento superior e para aqueles a seu lado no portão psíquico, examinando cuidadosamente a ponte que faz o passado, o presente e o futuro incomodarem alguém. É a ametista do ser; uma autêntica viagem áurica dentro de seu aspecto mais espiritual. Renascimento e regressão estão contidos dentro da gama de vibrações dessa Quinta-Essência de St. Germain.

Pallas Athena e Aeolus (pêssego)

Esse Mestre era conhecido na Terra como Ahkenaton e sua bela rainha Nefertiti. Aeolus também fez o papel de Homero, o poeta grego e foi Atena a filha favorita de Zeus na mitologia grega.

Essa Quinta-Essência Mestre aproxima o Céu e a Terra, trazendo-os para o alcance de todos nós. É o Mestre Acompanhante de todos aqueles que buscam uma compreensão mais profunda das energias envolvidas com a prosperidade e correto modo de vida. O material é o único meio através do qual o Mestre se torna manifesto.

Essa Quinta-Essência é para aqueles que sonham, têm visões ou trabalham com criação. Seja ela através da caneta, da pintura, da letra de música, todos criando a poesia do movimento; todos os conceitos e idéias que trazem beleza das cordas angelicais da harpa da alma.

Órion e Angélica (rosa)

A finalidade dessa Quinta-Essência Mestre é auxiliar na proteção da própria Terra. O belo azul de Órion se mostra na Quinta-Essência como o Rosa Sagrado do Amor Cósmico de Angélica. Angélica reúne todas as impurezas profundamente enterradas no Mundo Terreno, dissolvendo e fazendo desaparecer os entulhos residuais. Um novo começo, Órion e Angélica são os anunciantes de uma nova aurora que abarca todos os três reinos: vegetal, animal e humano.

Essa Quinta-Essência é muito valiosa para viajantes nas estradas ou no ar, ou em casos de perigo e necessidade de proteção.

Lady Portia (ouro)

"Não julgue para não ser julgado". Misericórdia e amor, e julgamento com verdadeira clareza estão exemplificados através dessa Quinta-Essência. Lady Portia segura em suas mãos esquerda e direita o Equilíbrio e o Julgamento. Onde a sabedoria discriminatória é necessária e a equalização de todos os fatores é necessária, traga então Lady Portia ao nascedouro áurico do ser. Misericórdia e compaixão estão ao alcance das mãos de Lady Portia. Num nível mais material, quando uma pessoa não está centrada e, portanto, está desequilibrada, essa Quinta-Essência pode ser usada para trazer de volta o equilíbrio.

Kwan Yin e Lao Tsu (pêssego claro)

Os aspectos da compaixão e da sabedoria se harmonizam e se expressam através dessa maravilhosa Quinta-Essência, que serve para dar a alguém a introvisão sobre as causas de doença e as crenças e atitudes que se escondem por trás dela. Tsu é um Mestre Alquimista do passado e agora traz a habilidade de transmutar e transformar energias através dessa Quinta-Essência Mestre.

É o Raio de Cura que flui na Misericórdia e na Compaixão do Deus Pai-Mãe e libera as mais ancestrais lembranças da antiga sabedoria chinesa.

Sanat Kumara e Lady Vênus Kumara (topázio)

"Da mesma forma que acima, abaixo." O Amor mais alto que vem através do plano terreno. Sanat Kumara é o Administrador para os Doze Raios. Essa Quinta-Essência Mestre se conecta com todos os Mestres a fim de que cada um seja capaz de ajudar, conjuntamente, cada um atuando nas várias facetas de um desafio ou projeto em particular. Assim, traz uma consciência especial da Vida Divina através de nossa vida cotidiana.

Maha Chohan (turquesa)

Essa Quinta-Essência é importante nos nossos tempos, o tempo do Equinócio de Aquário, quando o Enigma da Esfinge será solucionado. É a Água-Marinha da Era de Aquário, a ressurgência atlante, trabalhando poderosamente nessa nossa época, a época há muito esperada pelo Mestre e Discípulos, para trazer a Lei da Nova Civilização de almas ascendentes e Conscientes da Luz. Estimula as qualidades dos trabalhadores da Luz e dos Guerreiros do Arco-íris.

Essa Quinta-Essência intensificadora será especialmente útil para aqueles que trabalham com Cristais e o Reino Mineral, e trabalha muito bem em conjunto com as Gotas de Arco-íris. Uma das qualidades desse Mestre é a ligação entre Mente e Espírito, fazendo ressuscitar o Conhecimento pré-científico em seu aspecto mais profundo.

Djwal Khul (verde esmeralda)

O mais jovem dos Mestres, o menos experiente, mas o mais ardente dentre os que buscam; um daqueles que luta por seu próprio espaço e mais adiante na purificação interplanetária. É, portanto, a Quinta-Essência que liga o Extraterrestre com seu propósito terreno. Djwal Khul é um dos Irmãos da Túnica Dourada e em sintonia com os aspectos mais altos da Astrologia; particularmente para muitos que intuitivamente sabem que eles ocupam o Espaço além da Terra.

Apêndice II

A gama de óleos balanceados Aura-Soma

As anotações fornecidas abaixo podem ser aumentadas através da intuição e da informação dada no capítulo "Sutilezas dos óleos balanceados Aura-Soma", no qual as primeiras trinta sutilezas são cuidadosamente estudadas. Sua interpretação será um exercício no desenvolvimento de uma consciência mais profunda das muitas empolgantes facetas no maravilhoso mundo da cor.

B 0 Azul Royal / Magenta Púrpura *O Resgate Espiritual*	Traz profundidade para a visão e para o sentimento na vida física
* B 1 Azul/Magenta Púrpura *O Resgate Físico*	A comunicação com o Ser interior
* B 2 Azul/Azul *O Frasco da Paz*	A comunicação pacífica, aumenta a energia feminina
* B 3 Azul/Verde *A Atlântida/O Frasco do Coração*	Nutrindo a comunicação do coração
* B 4 Amarelo/Ouro *O Frasco do Sol/A Luz do Sol*	Conhecimento e sabedoria, o pensador, o estudante, o professor
* B 5 Amarelo/Vermelho *O Nascer do Sol/O Por do sol*	Sabedoria para usar as energias que possui
B 6 Vermelho/Vermelho *O Frasco da Energia*	O reenergizador e a energia básica para amor
B 7 Amarelo/Verde *O Jardim de Getsêmane*	Sabedoria para confiar no processo da vida
B 8 Amarelo/Azul *Anúbis*	Sabedoria através da comunicação interna
B 9 Turquesa/Verde *A Gruta de Cristal/O Coração dentro do coração*	O Coração Transcendental
B 10 Verde/Verde *"Vá abraçar uma árvore"*	Um novo lugar e um novo espaço
♥B 11 Cristalino/Rosa *Uma corrente de flores/ O Frasco Essênios I*	Clareza mental para amar a própria Alma
♥B 12 Cristalino/Azul *Paz na Nova Era*	Irradiar luz na nutrição, na criativiadade e na frutificação

* Kit dos Chakras
♥ Kit da Criança da Nova Era
▶Kit dos Mestres

♥B 13 Cristalino/Verde — Iluminação do coração
Mudança na Nova Era

♥B 14 Cristalino/Ouro — A claridade de pensamentos, sabedoria na Nova Era
Sabedoria na Nova Era - uma borboleta

♥B 15 Cristalino/Violeta — Elevação da Alma, purificada e curadora
Cura na Nova Era

B 16 Violeta/Violeta — Despertar para o verdadeiro Eu e serviço
O Manto Violeta

B 17 Verde/Violeta — Um novo começo para a espiritualidade
Trovador I / Esperança

B 18 Amarelo/Violeta — O professor espiritual, ter a sabedoria para encontrar a cura interior
Frasco Egípcio I / A mudança da Maré

B 19 Vermelho/Violeta — A regeneração. Renovamos nossos corpos quando renovamos nossas mentes.
Vivendo no Mundo Material

* B 20 Azul/Rosa — O amor intuitivo, a comunicação do amor incondicional
Estrela da Criança/Resgate da Criança

B 21 Verde/Rosa — Novo espaço para uma nova direção
Novo começo para o amor

B 22 Amarelo/Rosa — Nova perspectiva, renascimento
O Frasco do Renascedor/O Despertar

B 23 Rosa Rosado/Rosa — Sabedoria e a compreensão para encontrar o amor interior
Amor e Luz

B 24 Violeta/Turquesa — Comunicação espiritual do coração
Nova Mensagem

B 25 Púrpura/Magenta — Um espírito pioneiro, a busca do conhecimento espiritual
Frasco da Convalescência/Florence Nightingale

* B 26 Laranja/Laranja — "Juntando os pedaços". O absorvedor de choques
Frasco do Choque, Resgate Etérico, Humpty Dumpty

B 27 Vermelho/Verde — Entusiasmo contagiante pela vida
Robin Hood

B 28 Verde/Vermelho — Energia para encontrar o seu próprio espaço
Lady Marion (a companheira de Robin Hood)

B 29 Vermelho/Azul — A atividade certa conduzirá à harmonia e paz
Levante-se e vá

B 30 Azul/Vermelho — O Céu na terra, a qualidade da vida
Trazer o Céu à Terra

B 31 Verde/Ouro — O Conhecimento - através do encontro do seu próprio espaço
A Fonte

B 32 Azul Royal/Ouro *Sophia*	Há uma mensagem de boas novas chegando
B 33 Azul Royal/Turquesa *Golfinho/A Paz com um objetivo*	Instrução interior, a comunicação do coração
B 34 Rosa/Turquesa *Nascimento de Vênus*	Acesso os mistérios ocultos da vida e do amor
B 35 Rosa/Violeta *A Bondade*	Serviço com o amor incondicional, Amor Divino
B 36 Violeta/Rosa *Caridade*	Bondade no serviço - compaixão e compreensão
B 37 Violeta/Azul *O Anjo da Guarda vem à Terra*	Nutrição e proteção - comunicação equilibrada
B 38 Violeta/Verde *Trovador II / Discernimento*	Equilíbrio entre o consciente e o inconsciente
B 39 Violeta/Ouro *Frasco Egípcio II / O Titereiro*	Conhecimento e serviço, compaixão e compreensão
B 40 Vermelho/Ouro *"Eu Sou"*	Energia para encontrar o autoconhecimento, atividade expansiva
B 41 Ouro/Ouro *Frasco da Sabedoria/El d'Orado*	A taça que transborda - quintessência da sabedoria em todos os níveis
B 42 Amarelo/Amarelo *Colheita*	Alegria, Sabedoria, Felicidade, Êxtase, Despertar
B 43 Turquesa/Turquesa *Criatividade*	A comunicação do coração - confie em sua Alma
B 44 Lilás/Azul Claro *O Anjo da Guarda*	A chama lilás da transformação; azul, proteção absoluta
B 45 Turquesa/Magenta *Sopro de Amor*	A necessidade e o dom de ter e de dar
B 46 Verde/Magenta *O Nômade*	Descoberta da força interior e do amor
B 47 Azul Royal/Amarelo Limão *Alma Antiga*	Um tempo de formular novos objetivos
B 48 Violeta/Cristalino *Asas da cura*	Purificador espiritual, tempo de olhar para o interior
B 49 Turquesa/Violeta *Novo Mensageiro*	Flexibilidade da mente por meio da comunicação interna
▶B 50 Azul Claro/Azul Claro *El Morya*	O Poder por detrás do trono da consciência

▶B 51 Amarelo Claro/Amarelo Claro *Kuthum*	Busca intelectual e recebimento de sabedoria
▶B 52 Rosa Claro/Rosa Claro *Lady Nada*	Crescimento espiritual através da capacidade de amar incondicionamente
▶B 53 Verde Claro/Verde Claro *Hilarion*	Coração puro, Regeneração
▶B 54 Cristalino/Cristalino *Serapis Bay*	O Poder da luz, consciência expansiva
▶B 55 Cristalino/Vermelho *O Cristo*	Luz e inspiração entram no mundo físico
▶B 56 Violeta Claro/Violeta Claro *St. Germain*	A caminhada sobre os caminhos da Ordem Superior
▶B 57 Rosa Claro/Azul Claro *Pallas Athena e Aeolus*	"Deixe acontecer e confie", independência pessoal
▶B 58 Azul Claro/Rosa Claro *Orion e Angélica*	Amor materno/amor paterno/amor espiritual
▶B 59 Amarelo Claro/Rosa Claro *Lady Portia*	O potencial para grande júbilo e felicidade
▶B 60 Azul/Cristalino *Lao Tsu e Kwan Yin*	Fique tranqüilo e saiba quem você é
▶B 61 Rosa Claro/Amarelo Claro *Sanat Kumara e Lady Venus Kumara*	O propósito amoroso da mente Divina. Como acima como abaixo
▶B 62 Turquesa Claro/Turquesa Claro *Maha Chohan*	O oceano da pura Consciência Universal
▶B 63 Verde Esmeralda/Verde Claro *Djwal Khul e Hilarion*	Novos começos trazem justiça e equilíbrio
▶B 64 Verde Esmeralda/Cristalino *Djwal Khul*	Eu sou o caminho...ouça e siga
B 65 Violeta/Vermelho *Cabeça no Céu e Pés na Terra*	O "Eu Sou" vem à Terra. Transformação
B 66 Violeta Claro/Rosa Claro *A Atriz*	Amor incondicional a serviço de outros
B 67 Magenta/Magenta *Amor Divino, Amor nas Pequenas Coisas*	Amor Divino incorporado ao serviço
B 68 Azul/Violeta *Gabriel*	Paz e realização, discernimento espiritual
B 69 Magenta/Cristalino *O Soar do Sino*	Desejos purificados, impulso energético do amor

B 70 Amarelo/Cristalino *Visão do Esplendor*	Deixemos brilhar a Luz dentro da névoa Astral
B 71 Rosa/Cristalino *Frasco Essênio II / A Jóia no Lótus*	Elevação na consciência do poder ilimitado do amor
B 72 Azul/Laranja *O Palhaço (Pagliacci)*	Comunicação e a nutrição dos desejos emocionais internos
B 73 Ouro/Cristalino *Chang Tsu*	Sabedoria que vem das profundezas do próprio Ser
B 74 Amarelo Claro/Verde Claro *O Triunfo*	Justiça através do equilíbrio
B 75 Magenta/Turquesa *Siga o Fluxo*	Mudança de visão, oportunidade de ver as coisas de forma diferente
B 76 Rosa/Ouro *Confiança*	Sabedoria do passado expressada pelo amor incondicional
B 77 Cristalino/Magenta *A Taça*	Amor e luz se manifestam, perfeição física
B 78 Violeta/Magenta Púrpura *A resgate da Coroa*	Amor tranquilo e digno de confiança
B 79 Laranja/Violeta *Frasco do Avestruz*	Profunda cura interior, causada por uma situação de choque
B 80 Vermelho/Rosa *Artemis*	A energia para amar e perceber, um frasco que expressa renúncia
B 81 Rosa/Rosa *O Amor Incondicional*	A compaixão e a compreensão. Necessidade de amor
B 82 Verde/Laranja *Calypso*	Espaço para conectar-se com a percepção interior. Bem-aventurança profunda que vem do coração
B 83 Turquesa/Ouro *Abre-te Sésamo*	Comunicação com a sabedoria do passado, feita através do coração
B 84 Rosa/Vermelho *A Vela ao Vento*	A compaixão pela paixão interior. Desejo de cuidar
B 85 Turquesa/Cristalino *Titânia*	A comunicação da Nova Era. Iluminação interior
B 86 Cristalino/Turquesa *Oberon*	Um canal para a comunicação criativa com o coração. A comunicação pela luz
B 87 Coral/Coral *Sabedoria do Amor*	Sabedoria em todos os níveis. Amor não correspondido
B 88 Verde/Azul *Imperador Jade*	Comunicação da paz através dos sentimentos

B 89 Vermelho/Magenta Púrpura *Resgate da Energia*	Mudança do tempo
B 90 Ouro/Magenta Púrpura *Resgate da Sabedoria*	Cura profunda em relação à sabedoria antiga
B 91 Verde Oliva/Verde Oliva *A Liderança Feminina*	As lições do coração
B 92 Coral/Verde Oliva *Maria (Como em João e Maria)*	A independência da parte feminina, a cooperação e não, competição
B 93 Coral/Turquesa *João (Como em João e Maria)*	A comunicação coletiva da sabedoria do amor
B 94 Azul Claro/Amarelo Claro *Arcanjo Miguel*	A vontade Superior encontra-se com a Pequena Vontade
B 95 Magenta/Ouro *Arcanjo Gabriel*	Amor Divino preenche a estrela
B 96 Azul Royal/Azul Royal *Arcanjo Rafael*	Funções da Mente Superior - nutrição
B 97 Ouro/Azul Royal *Arcanjo Uriel*	A estrela da encarnação liga-se às funções da Mente Superior
B 98 Lilás/Coral *Arcanjo Sandalphon*	Transmutação da negatividade em todos os níveis
B 99 Verde Oliva Claro/Rosa *Arcanjo Tzadklel*	Coelhos Cósmicos (símbolo do Logos) – um passo dentro das águas da vida
B 100 Cristalino/Magenta Púrpura *Arcanjo Metatron*	Luz na escuridão iluminando as sombras.

A "Quinta-Essência Mestre"(Q) é aplicada no pulso e então passada sobre a cabeça e sobre o aspecto frontal áurico do corpo. Os Óleos Balanceados (B) são aplicados na pele do corpo.

El Morya	Q 4 Azul	B 50 Azul claro/azul claro
Kuthumi	Q 7 Limão	B 51 Amarelo claro/amarelo claro
Lady Nada	Q 13 Limão	B 52 Rosa claro/rosa claro
Hilarion	Q 6 Verde	B 53 Verde claro/verde claro
Serapis Bey	Q 1 Clara (branco)	B 54 Clara/clara
Christus	Q 14 Vermelho	B 54 Clara/vermelho
Saint Germain	Q 2 Violeta	B 56 Violeta claro/violeta claro
Pallas Athena e Aeolus	Q 10 Pêssego	B 57 Rosa claro/azul claro
Órion e Angélica	Q 12 Rosa	B 58 Azul claro/rosa claro
Lady Portia	Q 8 Ouro	B 59 Amarelo claro/rosa claro
Kwan Yin e Lao Tsu	Q 11 Pêssego claro	B 60 Azul claro/clara
Sanat Kumara	Q 9 Topázio	B 61 Rosa claro/amarelo claro
Maha Chohan	Q 3 Turquesa	B 62 Turquesa claro/turquesa claro
Djwal Khul e Hilarion	-----	B 63 Verde esmeralda/verde claro
Djwal Khul	Q 5 Verde esmeralda	B 64 Verde/clara
The Holy Grail & The Solar Logos	Q 15 Verde Oliva claro	-----

Índice dos frascos "Quinta-Essências" descritos

Para usar o Pomânder, aplique-o às palmas das mãos e então "espalhe-o" no ar em torno da cabeça e da periferia do corpo, garantindo, assim, proteção para os chakras e o campo eletromagnético.

Pomânderes

Vermelho escuro

Vermelho

Laranja

Ouro

Amarelo

Verde oliva

Verde esmeralda

Azul

Azul safira

Violeta

Rosa

Carmim escuro

Branco (clara)

Turquesa

Coral

Para maiores informações sobre os produtos, cursos etc. da Aura-Soma, escreva para:

CENTRO AURA-SOMA PAZ
Rua da Câmara, 3
Tiradentes-MG
CEP 36.325-000
Brasil
Telefone: (0xx32) 3355-1140
Fax: (0xx32) 3355-1139
E-mail:aura@aura.com.br
Internet: www.aura.com.br

AURA-SOMA,/Dev Aura
Little London
Tetford
Lincs, LN9 6QL
Inglaterra
Tel.: (441) 507 533 581
Fax.: (441) 507 533 412
E-mail: info@aura-soma.com
Internet: www.aura-soma.net

AURA-SOMA SÃO PAULO
Av. Paulista, 2073, 2º andar, sala 211
Conjunto Nacional-Horsa I
São Paulo-SP
CEP: 01311-940
Telefax: (0xx11) 289-4890
E-mail:saopaulo@aura.com.br
Internet: www.aura.com.br

Impressão e Acabamento
EDITORA LIDADOR LTDA.
R. Hilário Ribeiro, 154 - Pça. da Bandeira
Rio de Janeiro • RJ
Tel.: (021) 569-0594 • Fax: (021) 204-0684